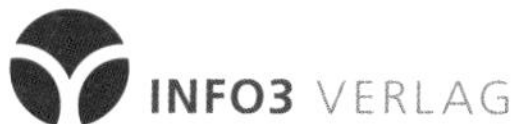
INFO3 VERLAG

Michael Bockemühl

KUNST SEHEN

BAND 13

Nach einer öffentlichen Vorlesung zu Francis Bacon und Cy Twombly
vom 11. Mai 1993 im Saalbau Witten

David Hornemann v. Laer (Hg.)
unter Mitarbeit von Jannis Keuerleber, Maria Polonidou

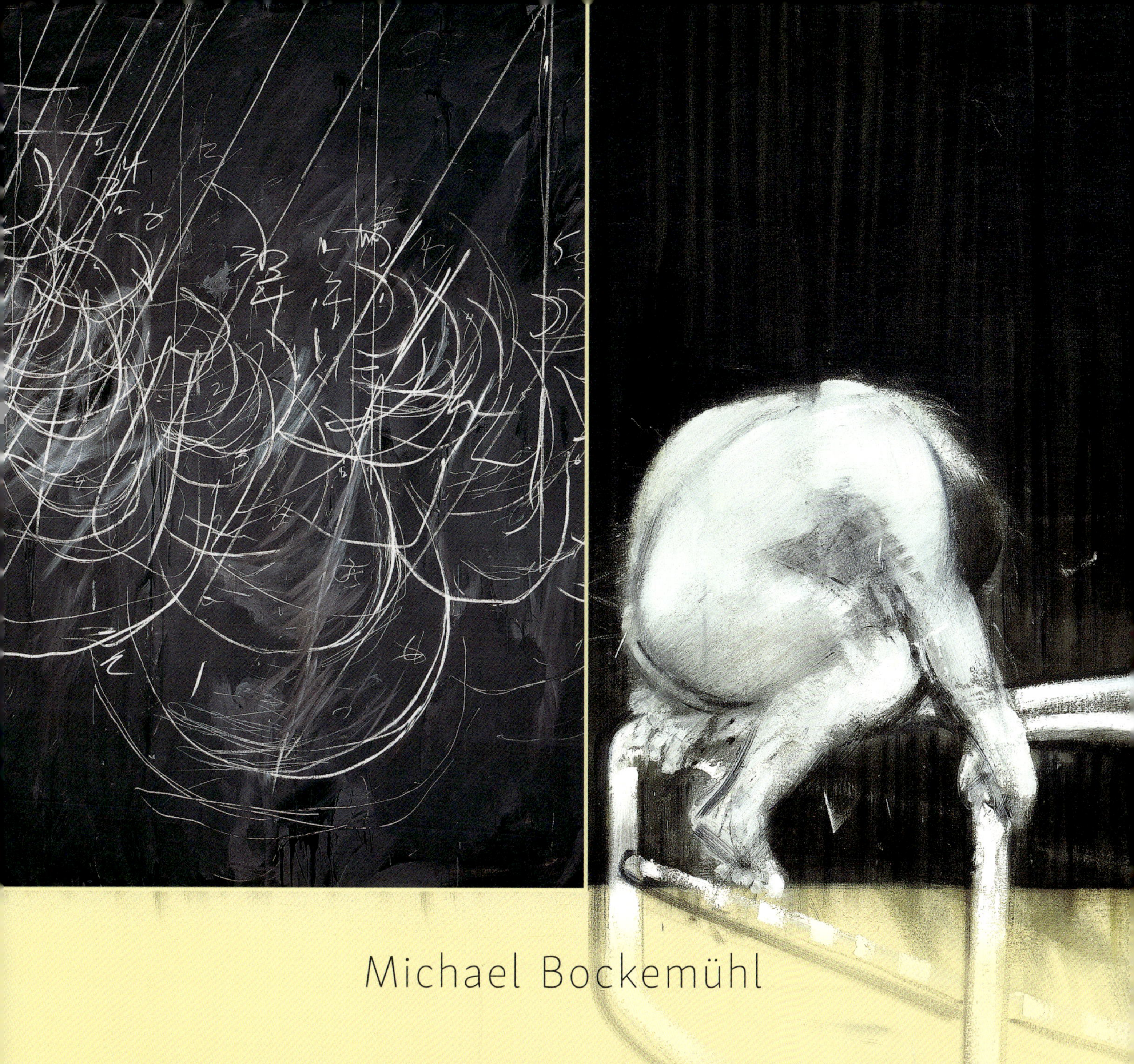

Michael Bockemühl

KUNST SEHEN

FRANCIS BACON | CY TWOMBLY

INHALT

„Nein, ich glaube nicht an das Unterrichten.
Man lernt durch Sehen.“[1]

Francis Bacon

1 I Michael Clark, **Porträt Francis Bacon**, 1984 – 1985

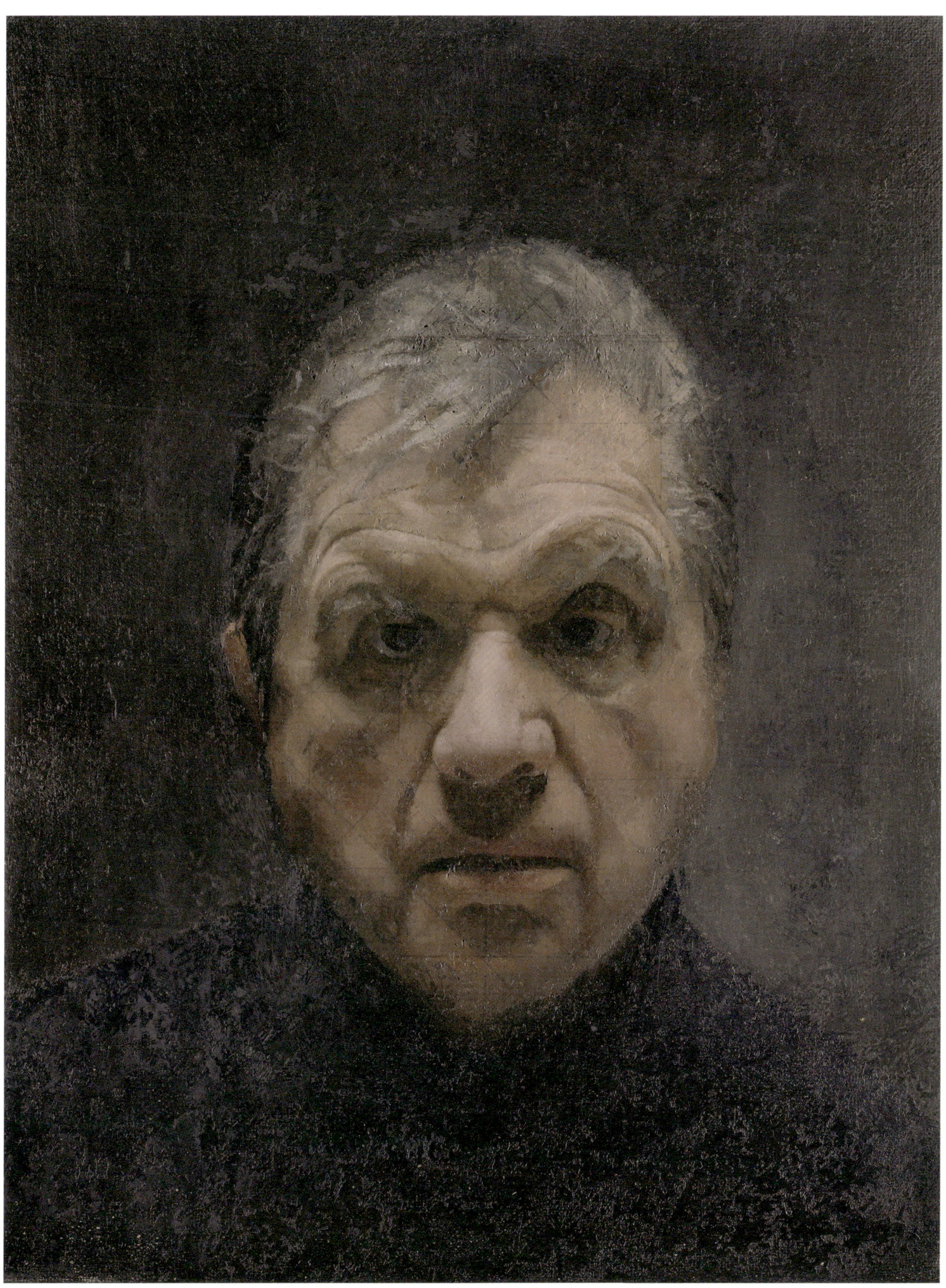

MIT AUGEN SEHEN, WAS VOR AUGEN LIEGT

Nichts erscheint einfacher, als zu sehen. Wir brauchen dafür lediglich unsere Augen zu öffnen. Auch gibt uns kaum etwas mehr Orientierung und Sicherheit als unser Sehsinn, denn was wir mit *eigenen Augen* sehen, erscheint uns wirklich und wahr. Doch ist dieser Vorgang tatsächlich so einfach und das Ergebnis so eindeutig, wie es scheint?

Dass mit dem Sehen nicht geringe Herausforderungen verknüpft sind, hat nicht zuletzt der in jüngster Zeit als Naturforscher rehabilitierte Dichter Johann Wolfgang von Goethe erkannt und beschrieben.[2] Für ihn ist „*reines* Anschauen des Äußern und Innern" nicht nur „sehr selten"[3], sondern auch mit den größten Herausforderungen verknüpft. So heißt es in einem Distichon:

Was ist das Schwerste von allem?
Was dir das Leichteste dünket,
Mit den Augen zu sehn,
was vor den Augen dir liegt.[4]

Goethe unterscheidet zwischen zwei Sehweisen und verknüpft damit unterschiedliche Haltungen:

1. „Sobald der Mensch die Gegenstände um sich her gewahr wird, betrachtet er sie in Bezug auf sich selbst, und mit Recht. Denn es hängt sein ganzes Schicksal davon ab, ob sie ihm gefallen oder missfallen, ob sie ihn anziehen oder abstoßen, ob sie ihm nutzen oder schaden."[5]

2. „Ein weit schwereres Tagewerk übernehmen diejenigen, deren lebhafter Trieb nach Kenntnis die Gegenstände der Natur an sich selbst und in ihren Verhältnissen untereinander zu beobachten strebt: denn sie vermissen bald den Maßstab, der ihnen zu Hülfe kam, wenn sie als Menschen die Dinge in Bezug auf sich betrachteten."[6]

Die erste „ganz natürliche" Sehweise sei zwar sehr viel einfacher, würde aber durch den Selbstbezug massiv beeinflusst. In der Folge sähen wir mehr uns selbst als das, was uns vor Augen stünde, und seien dadurch „tausend Irrtümern" ausgesetzt, die uns „oft beschämen" und „verbittern."[7] Die zweite Sehweise eröffne uns indes die Möglichkeit, zu „suchen und untersuchen, was ist, und nicht, was behagt."[8] Kurz – einmal sehe ich die Umwelt aus meiner eigenen Perspektive, das andere Mal schaue ich mir gleichsam selbst über die Schulter und bemerke mein Involviert-Sein in die Dinge. So wird es möglich, zu unterscheiden, ob mir die Dinge so erscheinen, wie ich bin, oder wie sie sind.

Michael Bockemühl führt uns in seinem Vorlesungszyklus KUNST SEHEN an die zweite Sehweise heran. Wir erfahren, dass wir unseren Blick schärfen, mit ihm in die Ferne schweifen und ihn auf etwas ruhen lassen können. Wir entdecken, dass wir in der Lage sind, den oft automatisch ablaufenden Sehvorgang bewusst zu ergreifen und zu gestalten.

Wie aber mit Kunstwerken umgehen, die beim ersten Blick befremden, verwirren oder sogar abstoßen? Bei denen wir uns dem Künstler sogleich überlegen fühlen oder nicht wissen, wie wir mit den Bildern umgehen sollen?

Geradezu abschreckend grotesk, verwirrend haltlos oder – mit Bockemühls Worten – als Provokation eines „hautlosen Entsetzen" (S. 44) erscheinen die in diesem Band besprochenen Werke entsprechend der oben zuerst genannten Sehweise. Wer sich aber weder vom subjektiven Schrecken noch von seinen persönlichen Vorurteilen entmutigen lässt, dem öffnet sich ein außergewöhnliches Bild-Erleben. Gerade weil diese Werke uns dazu auffordern, durch das Erschreckende und Verwirrende hindurch zu blicken, lassen sie uns ein anderes Sehen erfahren, zu dem wir fähig sind: eines, das nicht davon beeinflusst ist, was uns gefällt oder missfällt, sondern das die Sprache offenbart, in der diese Werke selbst zu sprechen beginnen, wenn wir sie im Sinne Goethes anschauen, ohne zu urteilen.

„Denken ist interessanter als Wissen, aber nicht als Anschauen."[9]

Johann Wolfgang von Goethe

„Fortgesetzte, vieljährige Versuche haben mich belehrt, dass immerfort wiederholte Phrasen sich zuletzt zur Überzeugung verknöchern und die Organe des Anschauens völlig verstumpfen.“[10]

Johann Wolfgang von Goethe

Die öffentlichen Vorlesungen Michael Bockemühls haben Anfang der 1990er Jahre im Wittener Saalbau stattgefunden. Obwohl mittlerweile mehr als ein Vierteljahrhundert alt, erschien uns gerade dieser Vorlesungszyklus, den Bockemühl für sein eigentliches Hauptwerk hielt,[11] nicht nur nichts an Aktualität eingebüßt, sondern im Gegenteil von höchster Relevanz zu sein für die Herausforderungen, denen wir heute begegnen und die wir heute zu bewältigen haben. Im Seminar entschlossen wir uns, die einzelnen Vorlesungen nach und nach in Einzelbänden herauszugeben. Dabei ging es uns nicht nur um die Herstellung eines authentischen und gut lesbaren Textes, sondern vor allem darum, die Experimente und Sehanregungen so an die Bilder anzuschließen, dass sie von den Leserinnen und Lesern selbst erprobt werden können – gemäß Bockemühls Credo: „Der Künstler ermöglicht, was der Anschauende verwirklicht.“[12]

In seiner Vorlesung zu Francis Bacon und Cy Twombly sucht der Wahrnehmungsforscher den Kunstwerken mit größtmöglicher Unbefangenheit zu begegnen. Dabei ist er selbst unsicher, „ob es überhaupt gelingen würde, auf den Grund einer solchen Sache zu kommen“ (S. 17). Er bittet uns sogar um Nachsicht für sein „Stammeln“ und hofft, dass wir in unserem „übenden Anschauen und Weiterdenken angestoßen werden“, unsere „eigenen Beobachtungen und Gedanken mit dazuzustellen“ (ebd.). Weder unfehlbar noch von sicherer Warte aus, sondern auf das Mittun seines Publikums angewiesen und bereit zu scheitern, betritt Bockemühl mit uns Neuland. Wir werden ermutigt, *selber* zu sehen, Ungewissheiten auszuhalten und uns dem anzunähern, was uns vor Augen liegt.

David Hornemann v. Laer
Witten im November 2021

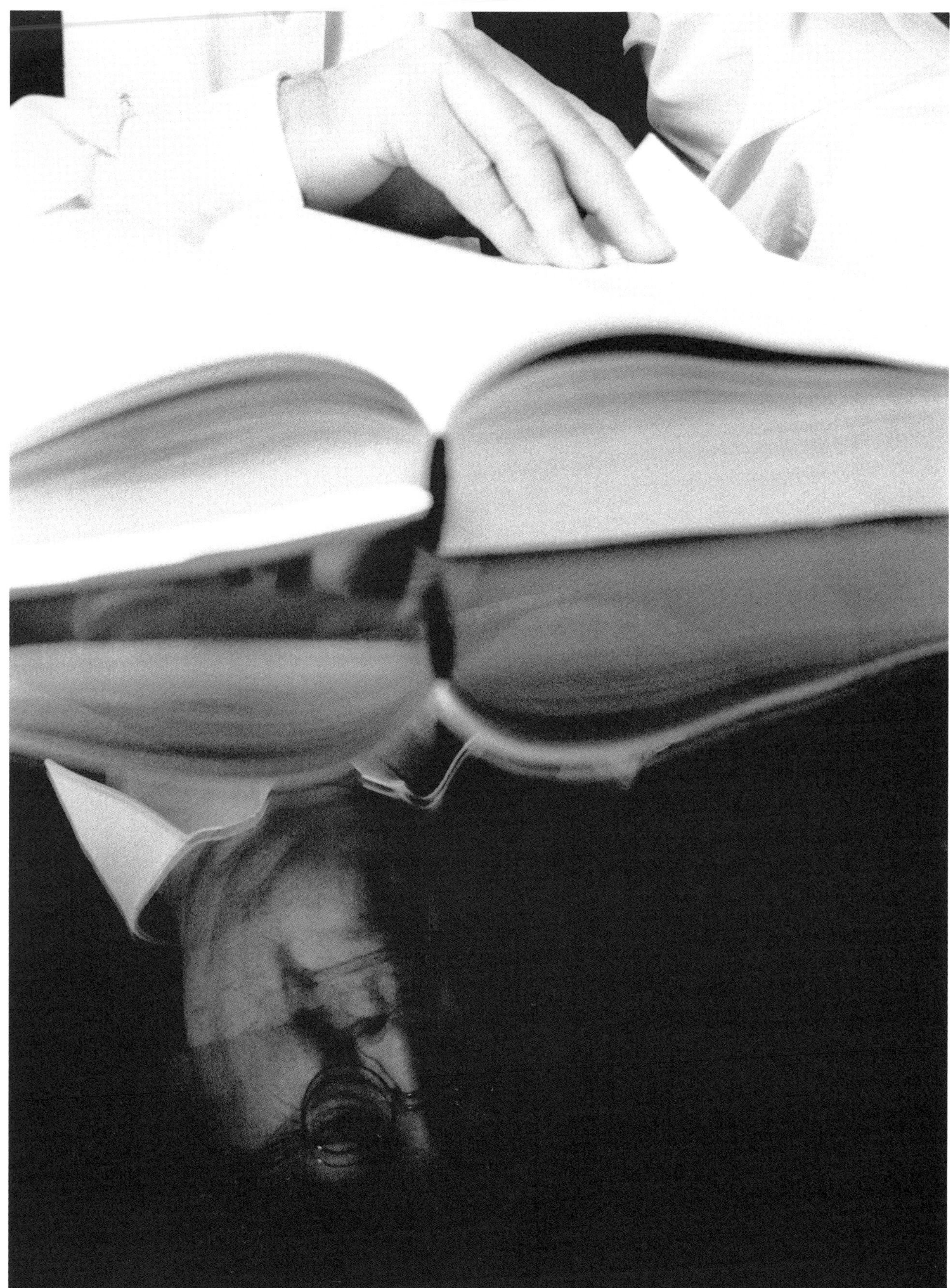

„DICH IM UNENDLICHEN ZU FINDEN, MUSST UNTERSCHEIDEN UND DANN VERBINDEN."

Johann Wolfgang von Goethe

Meine Damen und Herren,

wir geraten bei der Betrachtung von Kunst immer wieder in Gefilde, wo die Sprache nicht mehr hinreichend ist und wir nur den immer neuen Versuch machen können, uns einer bestimmten Schicht, einem bestimmten Aspekt anzunähern, um Qualitäten der Wahrnehmung genauer und deutlicher zu fassen – wohl wissend, dass das letzte Wort hierzu überhaupt nicht möglich ist, wohl wissend auch, dass die Annäherung an das Sprachlose immer nur der einzelne, um Verständnis ringende Mensch leisten kann. Dies gilt vor allem dann, wenn mit dieser Kunst nicht nur allgemein der Reiz der Sinne oder das Schöne als Ausgleich zur bösen Welt zur Debatte stehen, sondern der Mensch mit seinem heutigen Bewusstsein.

In der vorangegangenen Vorlesung hatten wir gesehen, wie es in der modernen Kunst nun schrittweise auf das Erfassen von elementaren Wirk- und Gestaltzusammenhängen zugeht.[13] Wir konnten sehen, wie in den Werken von Mark Rothko, Barnett Newman und Ad Reinhardt die reine, direkte Farbwirkung zum Thema wird. Anhand dieser konkreten Kunst konnten wir bemerken, dass die Hinwendung zum Elementaren in der Bildwirkung und damit der Verzicht auf all das, was gemeinhin als schön galt, von Künstlern geleistet wurde, die ihr ganzes Leben für die Herausarbeitung und systematische Erprobung nur *eines* wirksamen Elementes eingesetzt haben, um es so zu durchdringen und herauszustellen, dass es in seiner ganzen Konsequenz fassbar wird. Wir konnten feststellen, dass diese Reduktion eine Chance ist, insofern sie das wahrnehmbar macht, was sonst im Zusammenhang der Probleme, im ganzen Komplex dessen, was wir Kunst nennen, so kompliziert ist, dass man es nie ganz erfassen und durchschauen kann. Goethe hat das mal auf die Formel gebracht: „Dich im Unendlichen zu finden, musst unterscheiden und dann verbinden."[14]

Wir haben im Zuge dieser Vorlesungsreihe gesehen, wie die Künstler der Moderne die einzelnen Bildmittel durchbuchstabiert haben. So hat beispiels-

2 | Michael Bockemühl, 2003

„Es gibt nichts Einsameres und nichts Härteres als eine Leinwand, 2000 Jahre christliche Kultur, einen Pinsel und Farbe und dann diese riesige Konkurrenz von dem, was gemalt wurde."[15]

Markus Lüpertz

weise Cézanne die Grammatik der Farbe erforscht, Kandinsky die Gestaltelemente Punkt, Linie, Fläche, Paul Klee den Takt, die Rhythmik und Melodik, Piet Mondrian die Architektur der elementaren Bildmittel – bis hin zu Rothko, Newman und Reinhardt, die sich der Totalität der Farbe hingaben. Wir haben erleben können, wie das konzentrierte Durcharbeiten dieser Bildelemente Pars pro Toto Aufschluss darüber gibt, was Kunst bedeuten kann und wie sie wirkt. Diese Auskunft aber und die anschließende Verbindung aus den vereinzelten Elementen ist nicht die Aufgabe des Künstlers, sondern der Betrachtenden, die mit Kunst umgehen und zu Dialogpartnern, zu freien, mündigen Beschauern des Bildes selber werden, insofern sie sich darauf einlassen und betrachtend in eine Resonanz geraten. So kamen wir in der letzten Vorlesung bis zu Ad Reinhardts *Abstract Painting*, dem absoluten Schwarz, das auf den ersten Blick nichts sagt und doch tief blicken lässt. Danach können Künstlerinnen und Künstler nicht mehr so tun, als sei es möglich, einfach einen Pinsel in die Farbe zu tauchen und lustig drauflos zu malen. Die Chance der kindlichen Naivität ist uns genommen. Es gibt auch kein Zurück mehr, denn ein Zurück ohne Verwandlung würde ein „Kindisch-werden" bedeuten. Deswegen stehen die Künstler heute vor einer so ungeheuren Herausforderung, da alles schon einmal gemalt worden ist.

Versetzen Sie sich mal in eine heutige Künstlerin hinein, und überlegen Sie sich, was Sie malen würden. Vielleicht kennen Sie diese Frage ja auch schon von Ihren Kindern, wenn Sie von ihnen gefragt werden: „Was soll ich denn jetzt malen?" Dann antworten Sie vielleicht: „Mal doch einfach, was Du willst."

Wenn Sie es selbst versuchen, werden Sie feststellen, dass das außerordentlich schwierig ist. Selbst den Kindern guckt ja die Kunstgeschichte bereits über die Schulter. Eine Gefahr für die Künstlerinnen und Künstler ist deshalb, dass sie so lange herumprobieren, bis sie eine Nische gefunden haben, zu der die ersten fünf kompetenten Betrachtenden nicht sofort sagen: „Kenne ich schon, habe ich schon gesehen!" Die Masche, der sie dann leicht verfallen, ist, dass sie das in der Nische Entdeckte immerfort wiederholen und sich auf diese Weise einen Platz in der Kunstwelt zu erobern suchen. Auch ist es sehr verlockend, das Noch-nie-Gesehene groß zu machen und das außerordentlich Gefährdende außen vor zu lassen, wie das in den Worten Rothkos so pointiert zum Ausdruck kommt: „Ein Bild lebt von Kameradschaft, erweitert und beschleunigt sich in den Augen des sensiblen Betrachters. Es stirbt aus dem gleichen Grund. Es ist daher eine riskante und gefühllose Handlung, es in die Welt hinauszuschicken."[16] Es geht nicht darum, dass ein Bild etwas noch nie Dagewesenes zeigt, sondern es geht um den Dialog, in den die Betrachtenden mit dem Bild geraten können. Gerade die absolute Reduktion der Bildmittel macht das deutlich: Ohne die Ebene der Wahrnehmung existiert das Bild nicht.

Was kommt nach dem letzten Bild? Konsequent gedacht das „hinterletzte" Bild. Aber Sie können sich trösten: nach der Physik kommt die Metaphysik. Das ist genauso wie das letzte und das hinterletzte Bild.

Ich werde nicht haltmachen können vor einer Dimension, die tatsächlich – wenn ich das etwas ironisch andeuten darf – etwas damit zu tun hat. Wir denken: „Metaphysik, das ist etwas fürs Regal oder für die philosophische Abteilung. Aber im Grunde genommen hat das mit mir nichts zu tun, ich kann auch ohne."

Wenn wir uns heute mit Francis Bacon und mit Cy Twombly beschäftigen, so ist das eine ganz außerordentliche Herausforderung gegenüber dem, was wir im Allgemeinen „das Schöne" nennen. Denn immer mal wieder können wir ja auch denken: „Warum soll denn die Kunst nicht schön sein?" Wenn wir das durchdenken, haben wir uns der Erwartung meistens schon entledigt, doch mancher wünscht sich heimlich das Kind, das des Kaisers neue Kleider endlich mal laut kommentiert, denn ist das überhaupt noch alles akzeptabel als Kunst, was wir heute geboten bekommen? Können uns die *Nicht mehr schönen Künste*[17] etwas vor Augen stellen, mit dem auseinanderzusetzen sich lohnt?

Wie verhält sich also ein Motiv nach dem letzten Bild, wie verhält sich ein Abbildliches zum Bild? Wie verhält sich das Schöne zur Kunst nach dem letzten Bild? Ich wäre natürlich froh, wenn ich kurze Antworten darauf hätte. Ich könnte mir aber denken, dass sich der eine oder die andere von Ihnen gerade diese Fragen stellt.

Ich möchte versuchen, mich auf etwas einzulassen, bei dem das Sich-Einlassen für den einen oder anderen vielleicht schwierig ist und ich selber sagen muss: Je tiefer ich versuche einzudringen, umso schwerer habe ich es. Verzeihen Sie also mein Stammeln, denn ich habe selbst nicht das Gefühl, die Sache ganz zu umfassen und ich muss mir erlauben, hier mehr oder weniger aphoristische Aspekte vorzustellen. Ich hoffe, dass Sie in Ihrem eigenen übenden Anschauen und Weiterdenken angestoßen werden, Ihre eigenen Beobachtungen und Gedanken mit dazuzustellen.

Ich möchte mit Francis Bacon beginnen, von dem ich ein Gemälde in der Zeitung gesehen habe. Dieses Bild hat mich so erschreckt, dass ich mir vorgenommen hatte, diesen Künstler und seine Werke mit in meine Vorlesungsreihe aufzunehmen, auch wenn ich noch nicht sicher war, ob es überhaupt gelingen würde, auf den Grund einer solchen Sache zu kommen. Im Anschluss werden wir uns, wenn es die Zeit noch gestattet, einigen Werken Cy Twomblys zuwenden und beobachten, welche Erfahrungen mit ihnen möglich werden, wenn wir uns sehend auf sie einlassen. Unser Ziel wird heute also sein, angesichts der Werke von Francis Bacon und Cy Twombly zu beobachten, was sich in den Vorgängen der Realerfahrung an den Grenzen des Sinnlichen selber zeigt; was schön ist, indem es in Erscheinung tritt.

„Ich möchte, dass meine Bilder so aussehen, als sei ein menschliches Wesen durch sie hindurchgegangen wie eine Schnecke, eine Spur von menschlicher Anwesenheit und die Erinnerung an vergangene Ereignisse zurücklassend, so wie die Schnecke ihren Schleim zurücklässt."[18]

Francis Bacon

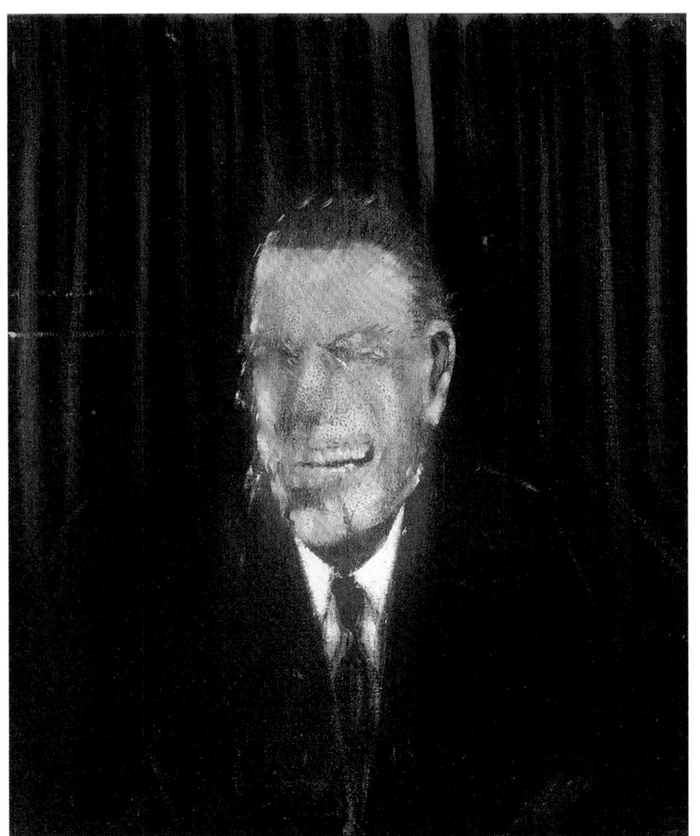
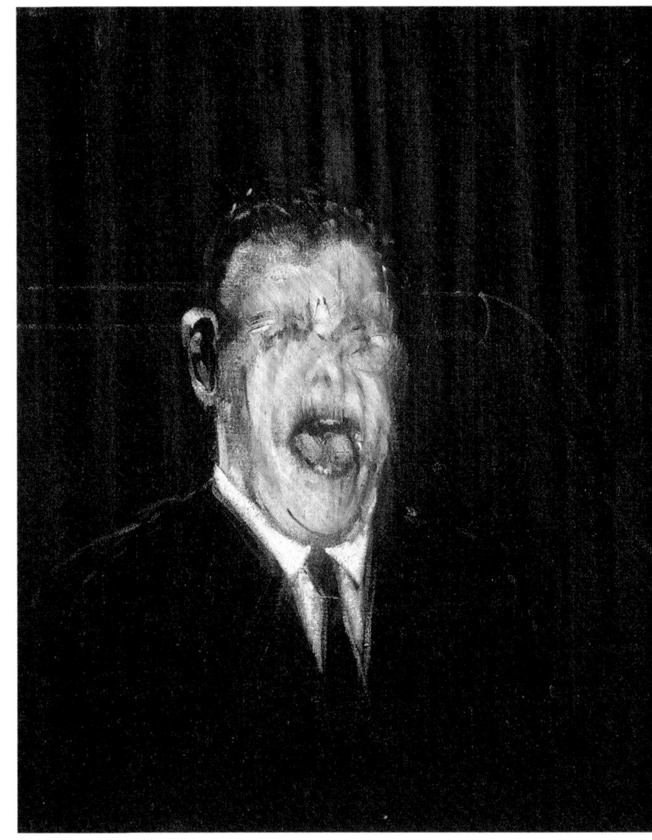

3 | Francis Bacon, **Drei Studien für einen menschlichen Kopf** (Triptychon), 1953

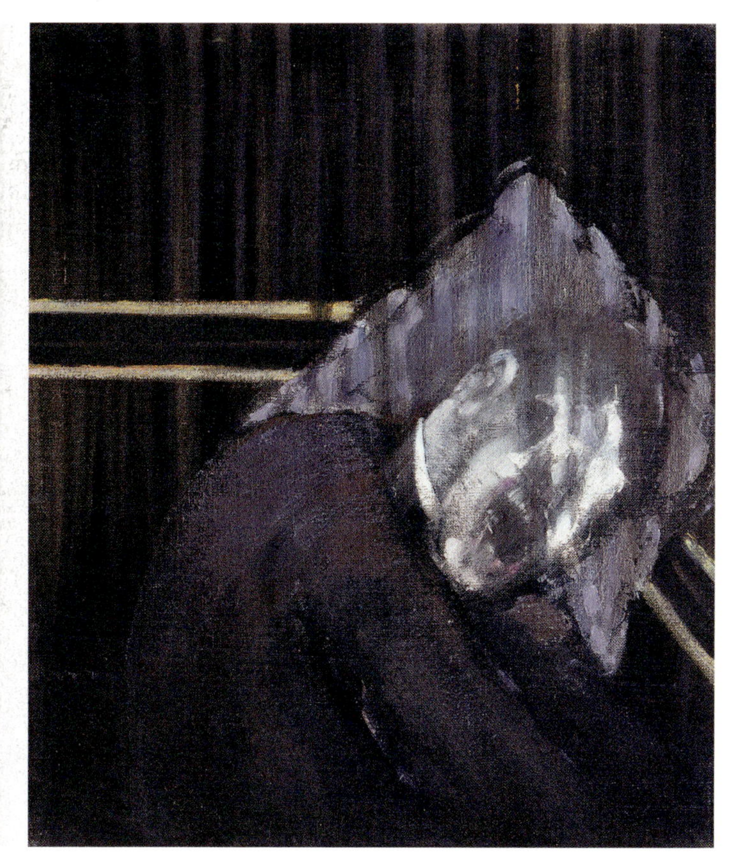

„Ich sehe Bilder in Serien."[19]

Francis Bacon

Sehen Sie sich die drei Bilder (S. 18–19) nacheinander an und schauen Sie dann zurück auf das erste, aber merken Sie sich schon ein bisschen Ihre Eindrücke. Es ist ja gut zu sehen, was hier gemalt ist, denn mit Blick auf das dritte Bild ist es schon so etwas wie eine Rettung, zu erkennen, dass es sich hier um einen Männerkopf handelt.

Wir sehen hier das Brustbild eines Herren, der in leicht gedrehter Frontalansicht dargestellt wird. Offenbar lächelt er und trägt eine randlose Brille. Der den Kopf umgebende Raum ist nicht sehr weit, als ob ein Vorhang dahinter wäre. Im Hintergrund auf der linken Seite in etwa über Augenhöhe sind zwei waagerechte, nur angedeutete Striche zu sehen, zudem ein feiner weißer Strich, der die rechte und linke Schulter andeutet.

Die wie Vorhangfalten wirkenden, annähernd senkrechten und in gedämpften Blau- und Grautönen gemalten Striche hinter der Figur können die Vorstellung eines Raumes erwecken. Das Gesicht tritt nur schemenhaft in Erscheinung und wirkt wie verwischt, als ob man durch eine Schicht, eine unscharfe Folie, die noch nass ist, blicken würde. Weiter sind die Zähne gezeigt wie bei einem Standlächeln und dann sind auf der vom Betrachter aus gesehen linken Seite die Konturen der ins Rosa spielenden Lippen stark verwischt und auch der Schatten an der Unterlippe scheint wie auszulaufen – oder ist es die Farbe, die hier ausläuft?

Welchen Eindruck erweckt dieses Gesicht bei Ihnen? „Es wirkt auf mich so, als würde der Mann nicht einfach passiv sein, sondern auf etwas reagieren." „Für mich agiert der Mann von sich aus und zeigt uns seine Zähne."

Es bleibt unsicher, ob es an der Figur liegt, dass sie so erscheint, oder an der Art der malerischen Darstellung.

3a | Francis Bacon, **Studie für einen menschlichen Kopf** (linke Tafel), 1953

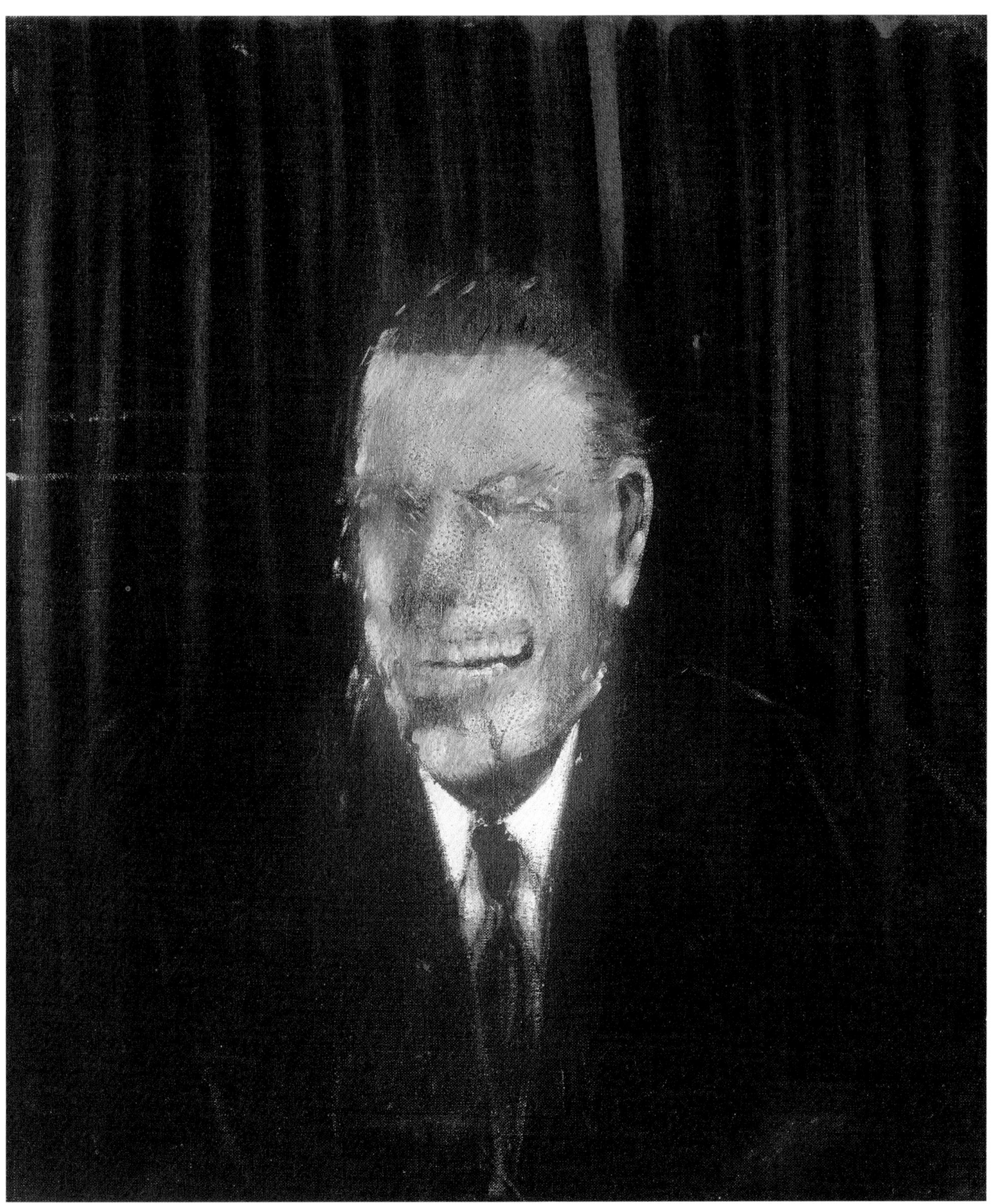

„So kann dieses Gewalthafte, was hier jetzt eine Übersteigerung dieses bleckenden, starrenden, nicht sehr entgegenkommenden Lächelns ist, als eine plötzliche Steigerung in dieses Herausschreien gesehen werden.“

Michael Bockemühl

Beim Anblick des mittleren Bildes kann die Frage entstehen, ob wir es mit der gleichen Person zu tun haben wie im vorherigen Bild. Kopf und Oberkörper sind hier leicht nach rechts gewandt, sodass das abstehende Ohr deutlich hervortritt. Der Mann im Sakko und weißen Hemd mit Krawatte lächelt nicht, sondern hat seinen Mund aufgerissen, sodass der Eindruck entsteht, da schreie jemand aus der Vollgewissheit seiner physischen Präsenz. Wir blicken in seinen Mund hinein, dessen Zunge den Mundraum in weiten Teilen ausfüllt.

Die Farbigkeit ist sehr reduziert: ein kleines bisschen gelblich, ein bisschen violett – aus Schwarzgrau, Anthrazit und weißlichem Pigment ist das Bild aufgebaut.

Wir sehen auch hier Andeutungen eines Vorhanges beziehungsweise Raumes, hervorgerufen durch senkrechte Pinselstreifen im Hintergrund sowie hinter dem Kopf feine weiße Andeutungen von Linien, die die räumliche Vorstellung noch verstärken.

Wie beim vorherigen Bild ist das Gesicht nur schemenhaft zu sehen. Das Jackett geht in das Schwarz des Hintergrundes nach unten über.

Bemerken Sie die Dissonanz zwischen dem kultivierten Äußeren des Mannes mit weißem Hemd, Schlips und Sakko und seiner verzerrten Mimik? Zudem ist es ja eine ziemlich brutale Sache, dem Menschen in den offenen Mund hinein zu malen. Hier entsteht eine Dissonanz zwischen dem kultivierten Äußeren des Mannes und seiner verzerrten Mimik. Es kann laut werden, wenn Sie sich das Bild einmal eine Zeit lang angucken. Selbstverständlich nur über die inhaltliche Assoziation, denn das Bild bleibt natürlich stumm, auch wenn Sie Ihr Ohr in die Nähe des Mundes halten würden.

Ich betrachte dieses Triptychon von links nach rechts als eine Art aktionale Folge, so wie bei einem Comic die einzelnen Phasen von Bewegung auf einzelne Bildchen übertragen sind. So kann dieses Gewalthafte, was hier jetzt eine Übersteigerung dieses bleckenden, starrenden, nicht sehr entgegenkommenden Lächelns ist, als eine plötzliche Steigerung in dieses Herausschreien gesehen werden.

3b I Francis Bacon, **Studie für einen menschlichen Kopf** (mittlere Tafel), 1953

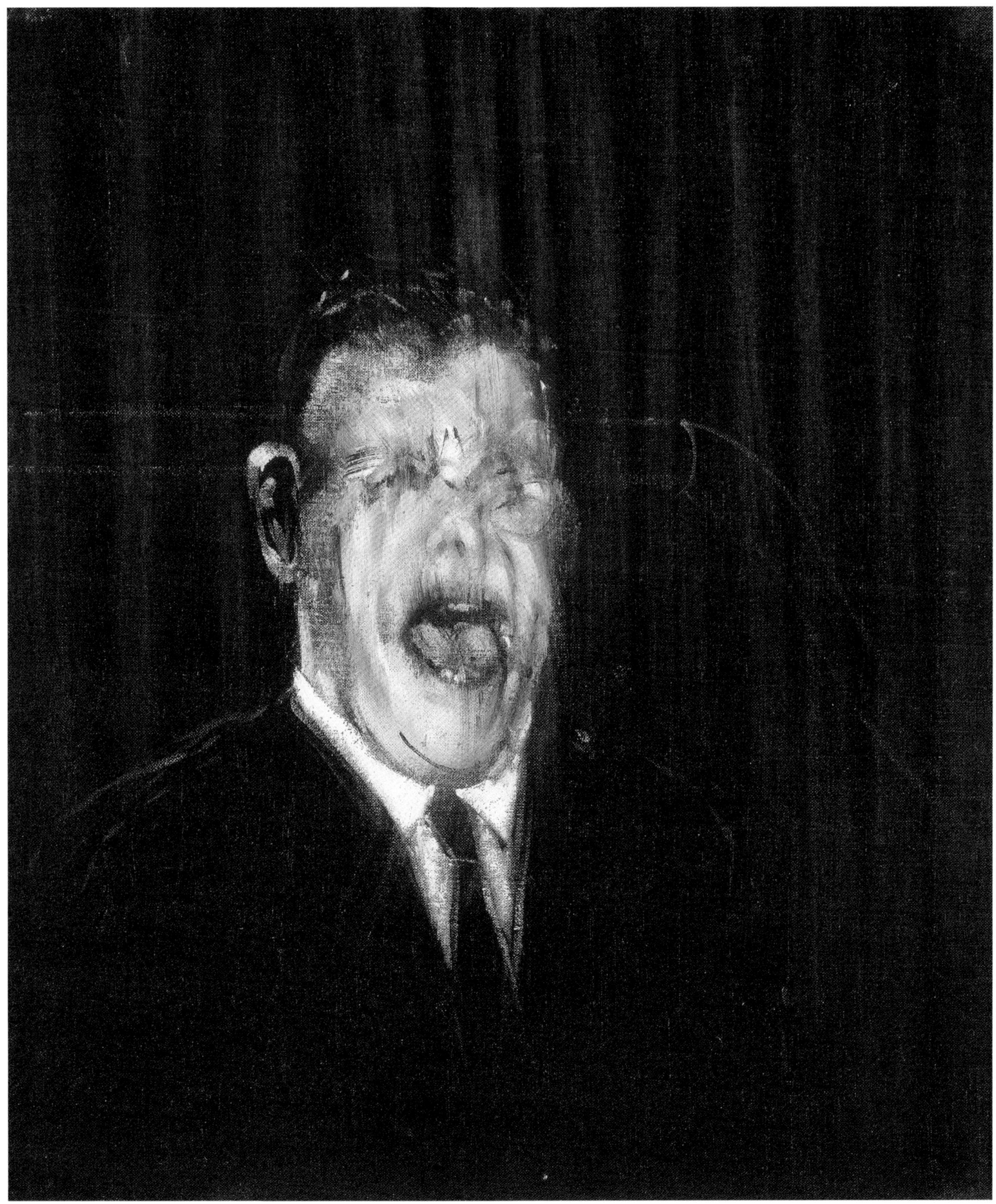

Es kann hier beim dritten Bild der Folge der Eindruck entstehen, dass der Schrei zwar noch da ist, aber durch eine Art Kissen oder eine Art auf die Seite geneigte Glasscheibe darüber gedämpft würde. Allerdings bleibt unentschieden, ob das Kissen oder die Glasscheibe wirklich vor dem Kopf vorzustellen ist – sie könnten genauso gut dahinter sein. Es wirkt, als ob das, was so brutal an der Äußerung war, plötzlich zusammengebrochen wäre, als ob das, was vorher trotz der Deformation Haltung ausstrahlte, jetzt wie zusammengeklappt, eingestürzt, verloren und zugleich preisgegeben sei. Dies wird nun auch wieder begleitet von weißen Linien, die vorher kaum sichtbar im Hintergrund zu sehen waren. Hier aber sind es scharfe, wie reflektierend wirkende, metallische Striche, die einen Raum nach hinten um diese Figur begrenzen. Sie kann sich in diesem Raum nicht verbergen, da wir eine unglaublich direkte Einsicht haben. Wie eine Art Gitter erscheint es, und das, was vorher als Vorhang assoziierbar war, diese Pinselstriche, die können hier auch wie eine sich schließende Wand erscheinen, sodass zusammen mit den horizontalen Linien annähernd der Eindruck einer Zelle entsteht. Der Aktionsraum für diese Figur erscheint damit außerordentlich eingeengt und das Gesicht und die Augen sind verwischt, verschwunden. Nur noch die Geste, nur noch ein paar Zähne, nur noch die Andeutung dieses schreienden Mundes, die dann plötzlich ganz umgewertet wird. Es scheint hier etwas verloren zu gehen – aber nicht der Eindruck, der vorher äußerlich so kultiviert oder gar so mächtig wirkenden Person. Vielmehr wird, indem das Porträt hier als drittes Porträt ein und derselben Figur behandelt wird, die Figur jetzt durch die Malaktion, durch das Verwischen, was ja ein realer Vorgang ist, selber wie überwischt, und sie geht als Motiv des Bildes verloren. So wird die zuvor imaginierte, durch die abbildliche Malerei ja selbst heranzitierte Realität außerhalb des Bildes durch den Realvorgang des Abwischens wie tangiert: Die malerische Qualität der Verwischung teilt sich mit auf ein Motivisches und das Motivische wird zugunsten dieser malerischen Geste tangiert. Das bedeutet, dass wir diese mit dem Motiv plötzlich in Verbindung bringen: Das Auswischen wird selbst motivisch, die reinen Bildfigurationen kriegen selbst motivischen Charakter. Es kommt zu einer Art Realmotivik, wo es hin und her geht, wo es nicht zu entscheiden ist, ob der Mann jetzt ausgewischt ist oder ob das Bild dort verwischt ist. Es geht etwas hindurch, was die außerbildliche Realität und das Motiv auf eine unheimliche Weise ineinander übergehen lässt.

3c I Francis Bacon, **Studie für einen menschlichen Kopf** (rechte Tafel), 1953

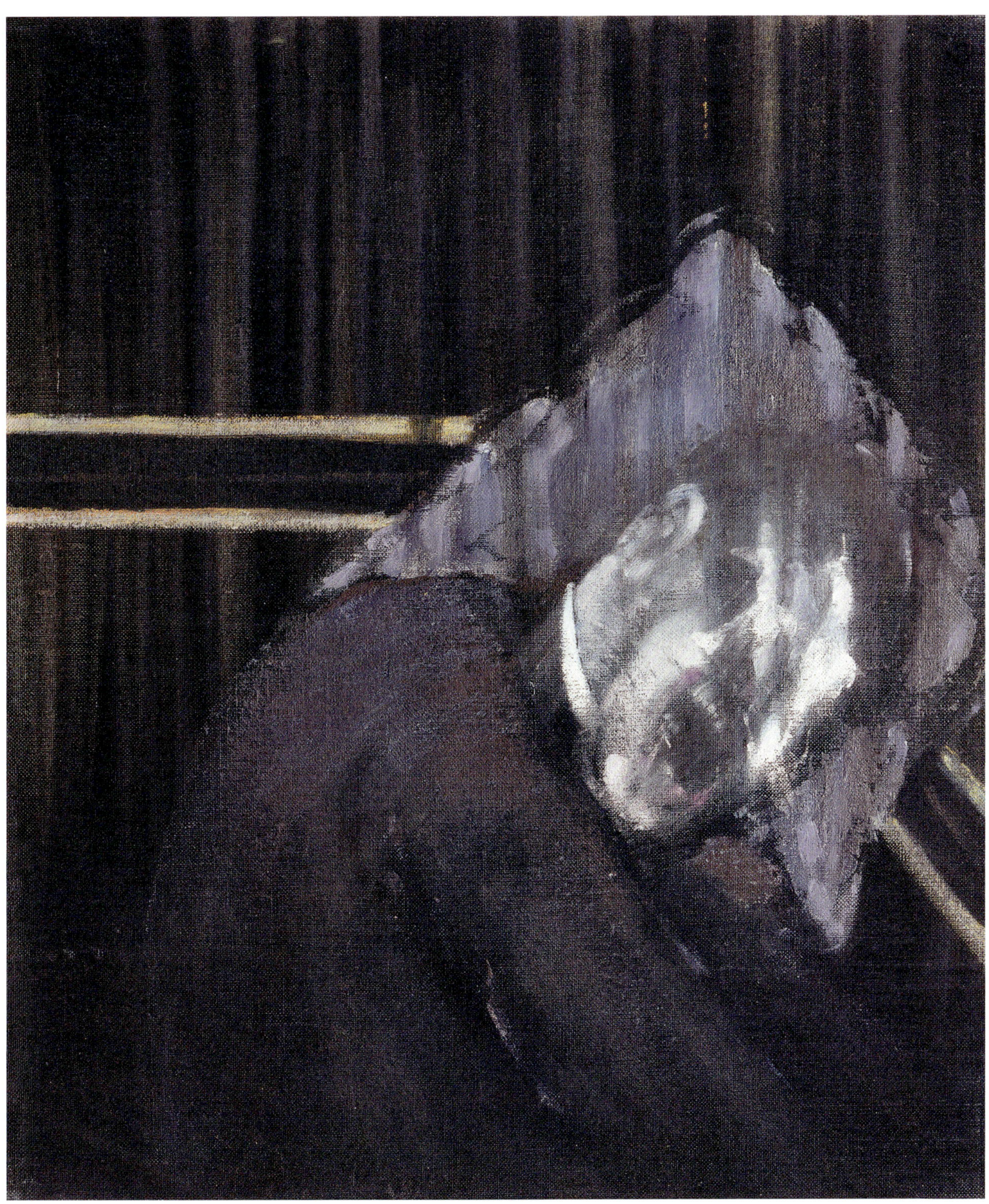

Ich habe mich immer gefragt: Wie kann man überhaupt zu solchen Gebilden, wie wir sie gerade gesehen haben, einen Zugang finden, wenn man diese Dreierfolge betrachtet? Auf der Suche nach einem Schlüssel habe ich mich nun weiter mit Kopfstudien von Bacon auseinandergesetzt, um von dort her den Zugang zu dem übrigen Malerischen zu finden, was ja dann auch eine Art Höllenfahrt sein kann.

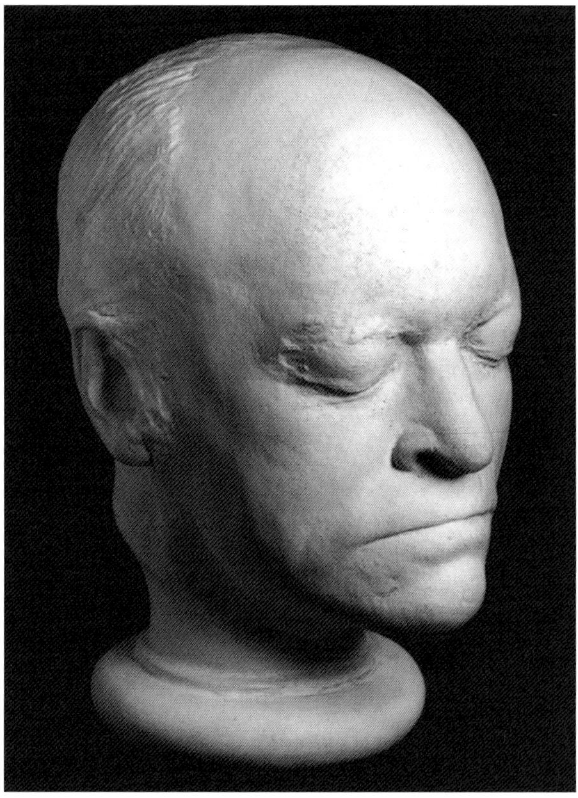

Hier handelt es sich um einen Kopf, der nun sehr abbildlich wiedergegeben ist. Er ist vollkommen vereinzelt vor einem Hintergrund, als wäre er gar nicht räumlich gemalt, sondern auf eine dunkelgraue Fläche appliziert, die jedoch bei längerem Anschauen so diaphan wird, dass sie sich wie ein Raum um diesen Kopf herum bildet. Andeutungen aber, was sich unter dem Brustbein, diesem weißen Ring, der vielleicht noch als Kragen gedeutet werden kann, befindet, fehlen völlig. Dann sehen Sie auch in diesen Zügen wieder Überwischungen, aber unter diesen Überwischungen scheint es umso plastischer zu sein. Plastisch auch von der Raumvorstellung her, die sich in den leicht opaken Farben an der Oberfläche entzündet, die sich dann weiter als Oberfläche eines Kopfes in einer ganz erstaunlich delikaten Hell-Dunkel-Modulation differenziert. So kann es zu einer plastischen Vorstellung eines Kopfes kommen, obwohl das Gebilde natürlich flach ist, wie das übrige Bild auch. Was für einen Eindruck gewinnen Sie von diesem Kopf?

„Auf mich wirkt dieser Kopf in sich geschlossen und zugleich wie äußerlich entblößt, so als ob er sozusagen gekalkt und darunter dunkel gefärbt wäre, oder als ob unter Umständen seine äußerste Haut durchsichtig wäre und man darunter sehen könnte." „Mir erscheint der Kopf massiv, wie steinern und zugleich brüchig und porös."

Ich muss gestehen, obwohl ich mir immer etwas darauf zugutehalte, mich durch Anschauung einer Sache zu nähern: Hier kam ich durch den Titel des Bildes auf eine Spur. Dieses Bild ist nach dem Gipsabguss eines lebendes Gesichts, nämlich des Gesichts des visionären Künstlers William Blake (1757–1827) gestaltet. Dennoch wirkt diese Lebendmaske einerseits wie eine Totenmaske, andererseits aber auch wie auf einen inneren Prozess gerichtet. Wenn es darum geht, einen ganz und gar in sich hinein konzentrierten Zug in einem Gesicht zeigen zu wollen, dann könnte man das kaum prägnanter darstellen.

4 | James Deville, **Lebendmaske von William Blake,** 1823

5 | Francis Bacon, **Kopf III** (nach der Lebendmaske William Blakes), 1955

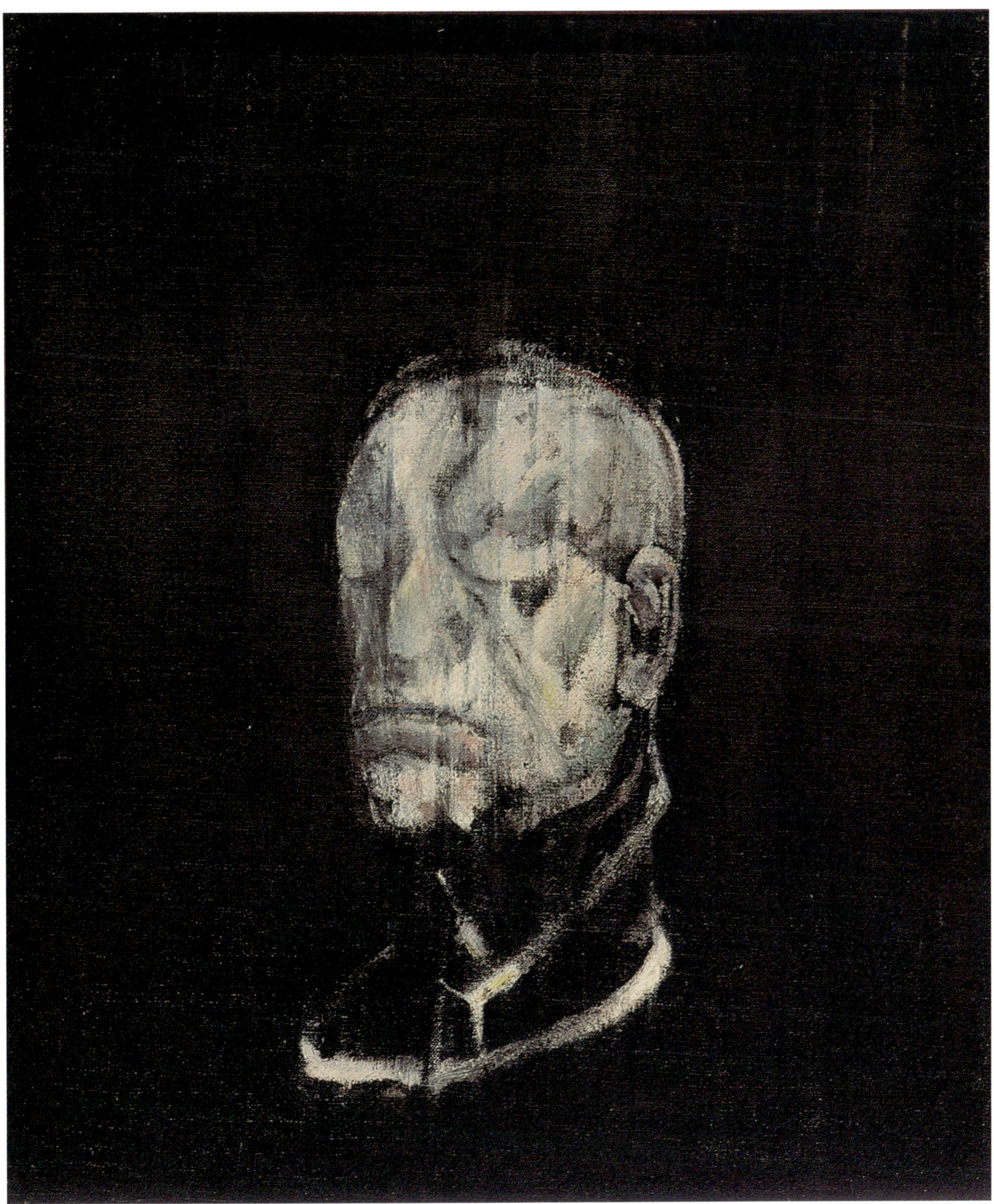

Ich möchte Ihnen hier erst einmal etwas Zeit geben, damit Sie das Bild ungestört auf sich wirken lassen können.

Sie spüren vielleicht, was Ihnen passiert, wenn Sie dieses Gemälde wirklich angucken. Man könnte vielleicht sagen, dem Mann fehlt der obere Teil des Kopfes, aber er fehlt auch wieder nicht: Als ob das System nach oben offen wäre. Es lässt sich kaum unterscheiden, wo der Pinselstrich aufhört und die mimetische Struktur anfängt. Plötzlich geht das in diesen Kopf, oder wenn Sie vom Kopf her blicken, in diesen Hintergrund über. Unten finden Sie diese graue Struktur, die unter Umständen, wenn Sie den Kopf abdecken, überhaupt nicht als anthropomorph angesehen werden müsste. Das Einzige, was da wirklich durchdringt, das sind die Einblicke in Mund und Ohr sowie eine aktive Kraft, die aus diesen mit dem Zwicker bewehrten Augen herausblickt, wo nicht allein der Eindruck entsteht, das sind Löcher, in die ich einfach Einblick habe wie in den Mundschlitz, sondern wo tatsächlich etwas herausspricht mit einer nahezu hypnotisierenden Kraft. Eine stechende, wie erstaunte Blicköffnung, wo dann aber auch wieder die Iris wie verzogen ist, als wäre das ein Blick von der Seite und zugleich von vorne. Das ist naturalistisch so überhaupt nicht möglich, wenn aber das Auge des Betrachters sich durch das Bild bewegt, dann gibt es unweigerlich zwei Punkte, an denen es immer wieder haften bleibt. Das sind natürlich ganz klar diese einzigen scharf begrenzten und dann außerdem noch mit Rundungen der Brille umgebenen Gebilde, die dann plötzlich – im wahrsten Sinne des Wortes – den Augenpunkt bilden. Andererseits ist da ein Gesicht, ein Korpus, ein Kopf, der ganz offen übergeht, keine Grenze mehr hat gegenüber dem Hintergrund, wo Bild und Abbild so ineinanderfließen, dass nicht ersichtlich wird, was jetzt die Priorität hat. Alles wirkt flüchtig, was der Schulterblick der abgebildeten Person noch unterstreicht.

Es ließe sich hier immer noch denken: „Ja gut, es handelt sich um eine solch extreme Auflösung, oder aus dem Umraum gedacht: um eine extreme Radikalkonzentration, Konzentration auf physische Assoziation, gestalterkennbares Antlitz, und es lässt sich der Ausdruck des Antlitzes nicht wegdiskutieren." Es wird aus einem undefinierbaren Raum heraus, von einem Nicht-Ort her nach einem Ort gefragt und diese Frage gilt nicht allein der dargestellten Szene oder Figur, sondern auch dem Betrachter.

6 | Francis Bacon, **Kopf III**, 1949

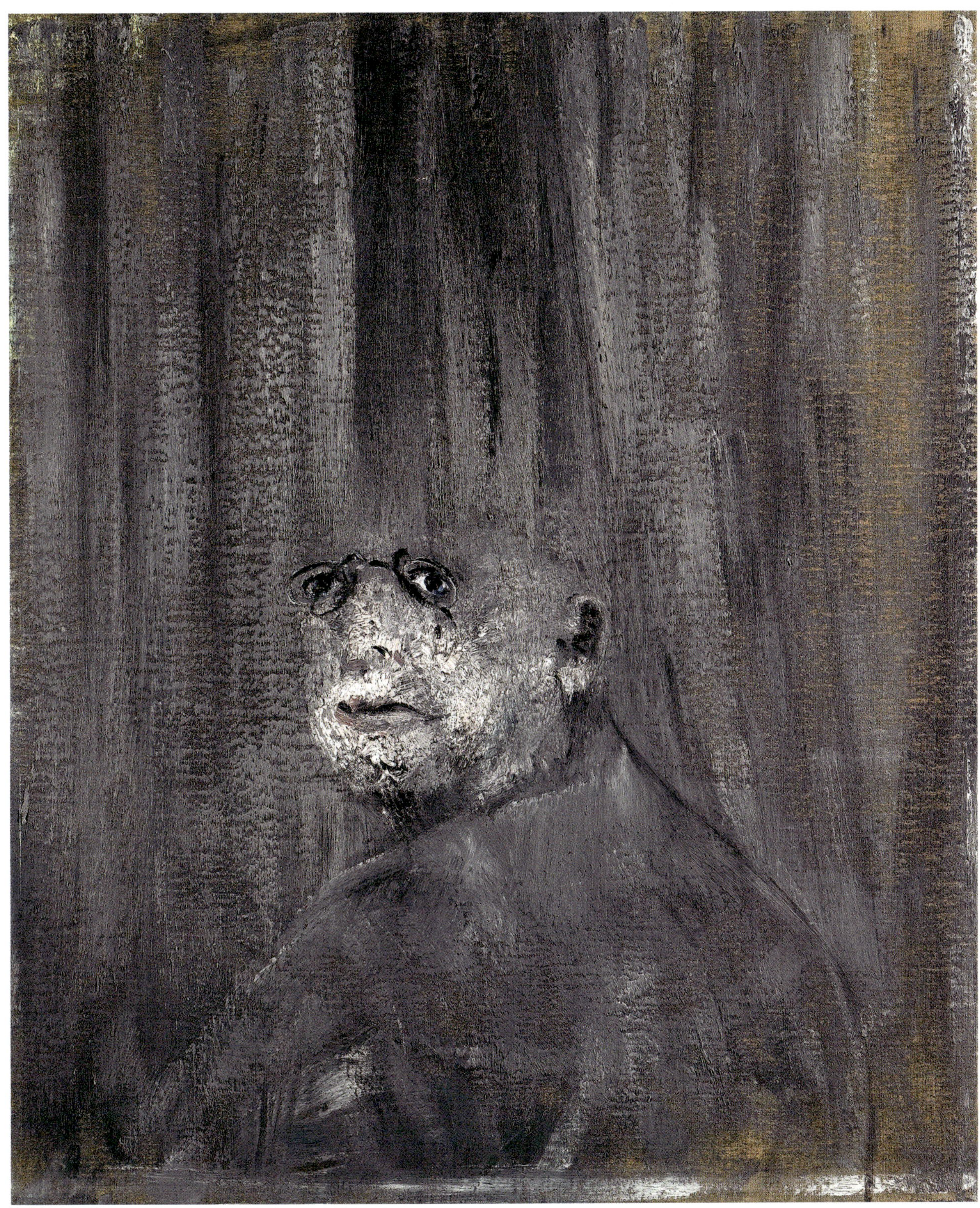

Es könnte sein, dass Sie bei diesem Bild zunächst einmal ein bisschen Orientierungsschwierigkeiten haben – vermutlich haben Sie aber noch mehr Identifizierungsschwierigkeiten.

Das Bild hat den Titel *Kopf II*. Hätte ich den Titel nicht gesagt, hätten Sie vielleicht gar nicht an einen Kopf gedacht. Mir ging es jedenfalls selbst so und auf mich wirkte das Gebilde in der unteren Bildhälfte zunächst wie eine Schubkarre, die noch zu leeren ist.

Die teils kugelige Form, die in der Mitte wie gespalten ist und die ein bisschen wie eine glänzende Pflaume anmutet, hat so etwas wie Applikationen, sozusagen als „Schubkarreninhalt". Auf der linken Seite löst sich diese Form vollständig auf, nach rechts hin konzentriert sie sich hin zu einer Abbildlichkeit: eine Art Auge, eine Brille oder ein brillenförmiges Gebilde neben Andeutungen eines vollkommen missgebildeten Mundes mit einzelnen Zähnen. Im Hintergrund sehen wir breite, senkrechte graue und weiße Pinselspuren.

Es drängt sich unwillkürlich eine Deutung auf, obgleich wohl niemand Lust haben wird, diese Deutung hochkommen zu lassen, denn diese Gegenwart verwandelt sich dann sozusagen in etwas Widerwärtiges. Man will das eigentlich nicht an sich heranlassen, denn es ist ja total antiproportional, als Gegenstand ein Unding, es ist ungeschlacht. Da kommt etwas auf, was zwar Assoziationen an organisierte Körperlichkeit weckt, aber die sind so vereinzelt, so im Zusammenhang gestört, so unproportioniert und unausgebildet, dass sie nur hässlich wirken können.

Von hier aus, von diesen Köpfen aus, die ich Ihnen bis hierher in einer nicht chronologischen Reihenfolge gezeigt habe, möchte ich drei Fragen stellen: Wie können wir solche Gebilde an uns heranlassen? Wie hat sich das bei dem Künstler entwickelt? Wie hat er die Sache entdeckt und was war sein Ausgangspunkt?

7 | Francis Bacon, **Kopf II**, 1949

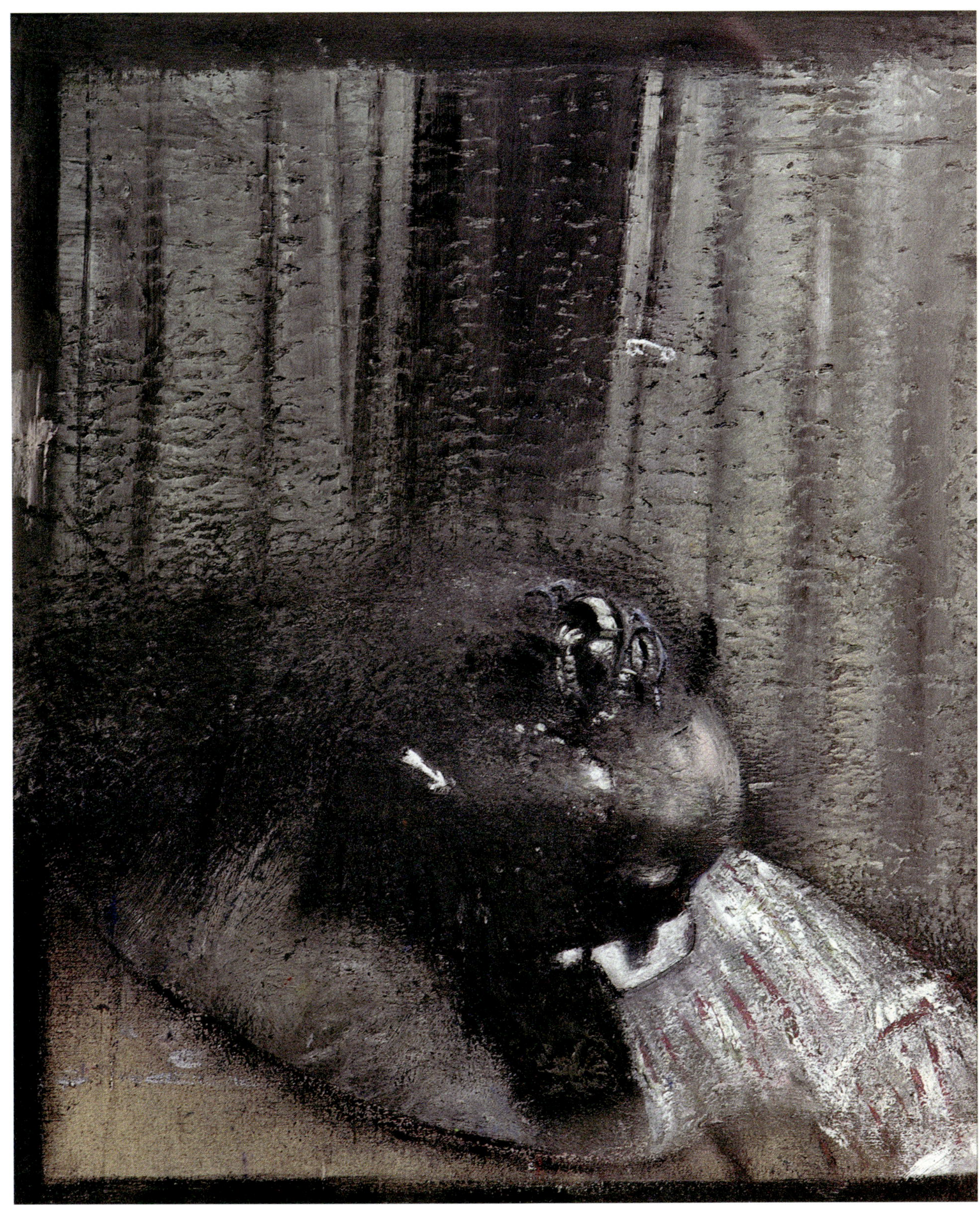

„Velázquez fand die perfekte Balance zwischen der idealen Illustration, die von ihm verlangt wurde, und der überwältigenden Emotion, die er beim Zuschauer auslöste.“[20]

Francis Bacon

Ich möchte jetzt einen Blick auf das werfen, was in der abbildenden Kunst immer das Allerhöchste war: die überhöhte, geistdurchdrungene Natur. Diese wurde immer im Menschen gesehen. Wenn man also den menschlichen Leib malen konnte, dann hatte man in der Renaissance die Natur dort gemalt, durchdrungen und ergriffen, wo sie am geistigsten war, und deswegen ist sozusagen das Bild des menschlichen Körpers auch zugleich das Pars pro Toto des Gottgegebenen, Geistdurchdrungenen, Schönen, das Edle, das Proportionierte, die Augenfreude.

Dieses Gemälde stammt von dem zu den wichtigsten Porträtmalern seiner Zeit gehörenden Barockmaler Diego Velázquez. Er führt uns die Gestalt des Papstes als den Respekt erheischenden Inhaber des Heiligen Stuhls vor Augen, dessen durchdringend scharfer und zugleich misstrauischer Blick zu beunruhigen vermag. Doch wird hier – im Kontrast zu Bacons Darstellungen – der menschliche Leib nicht angetastet und zur Debatte gestellt.

Wir nähern uns dem in einzelnen Schritten an.

8 | Diego Velázquez, **Papst Innozenz X.**, 1650

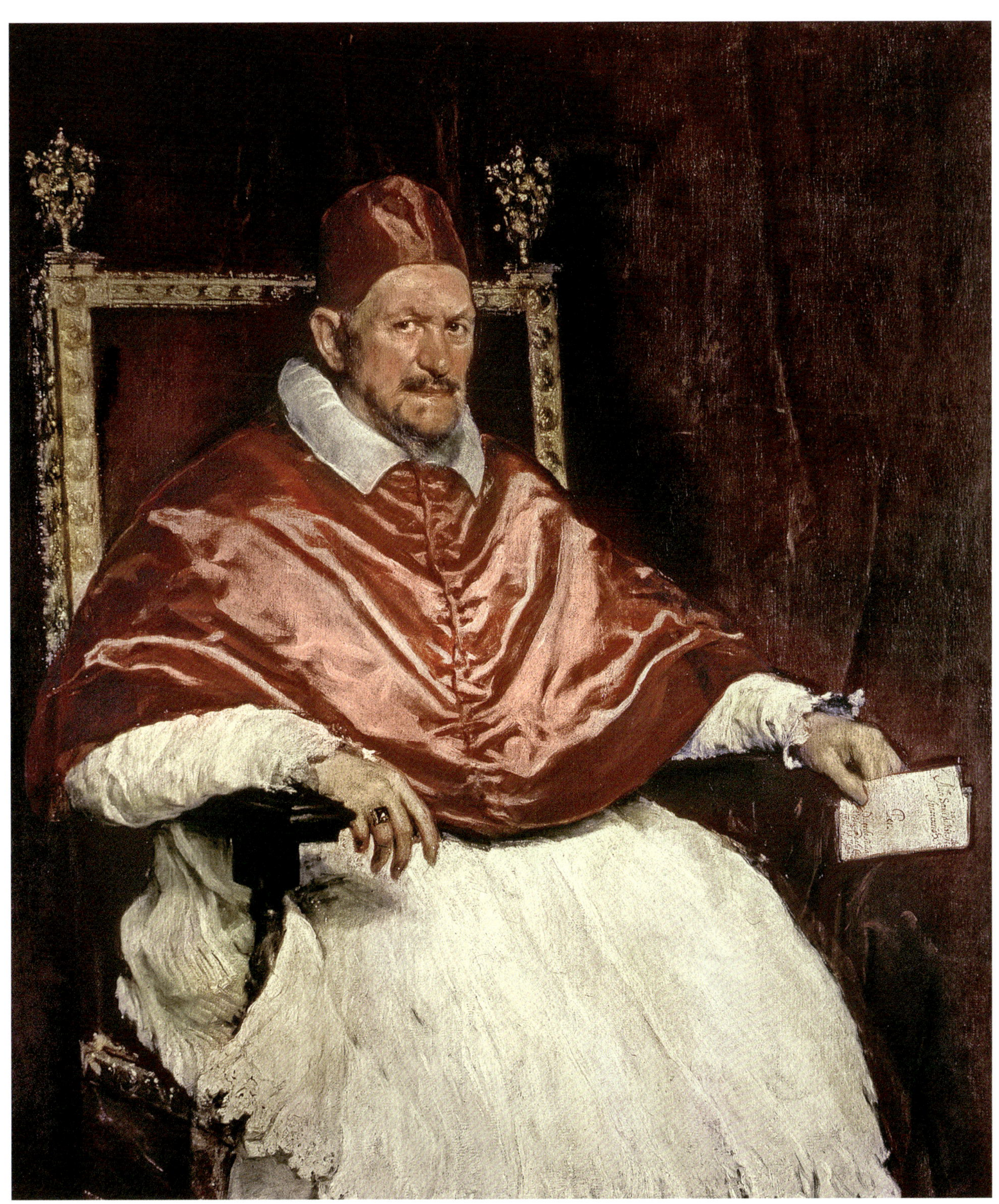

Wir sehen hier eine menschliche Gestalt. Unschwer sind Parallelen zu der von Velázquez dargestellten Papstfigur zu erkennen. Diese Figur sitzt fast ohne Unterleib – ein solcher wird, wenn überhaupt, durch einzelne Striche nur angedeutet – auf einem Stuhl, der nach unten hin geometrisch wird und nach oben ausgeschmückt ist, dort wo sich auch der Kopf mit der Kappe und dem Kragen befindet. Im Hintergrund sind so etwas wie gotische Spitzbögen angedeutet und dann wiederum weiße Linien, die sich über und um diesen Stuhl wie eine Glaskante abzeichnen, beziehungsweise als abstrakte Raumkoordinaten in Erscheinung treten. Ein weißer Bogen geht unter dem Stuhl hindurch und wird nach den beiden Seiten hin vom Bildrand überschnitten. Des Weiteren sehen wir einen von Vertikalen durchzogenen, dunkelgrauen Hinterraum und davor diese eine Figur. Sie tritt nicht als sonderlich sichtbare Figur in Erscheinung – Arme, Hände und Beine werden nur angedeutet –, agiert aber in eindrücklicher Weise: Im Vergleich zur vorherigen Darstellung ist die Figur uns mehr zugewandt und zugleich mehr in den Hintergrund gerückt.

9 | Francis Bacon, **Papst II**, 1951

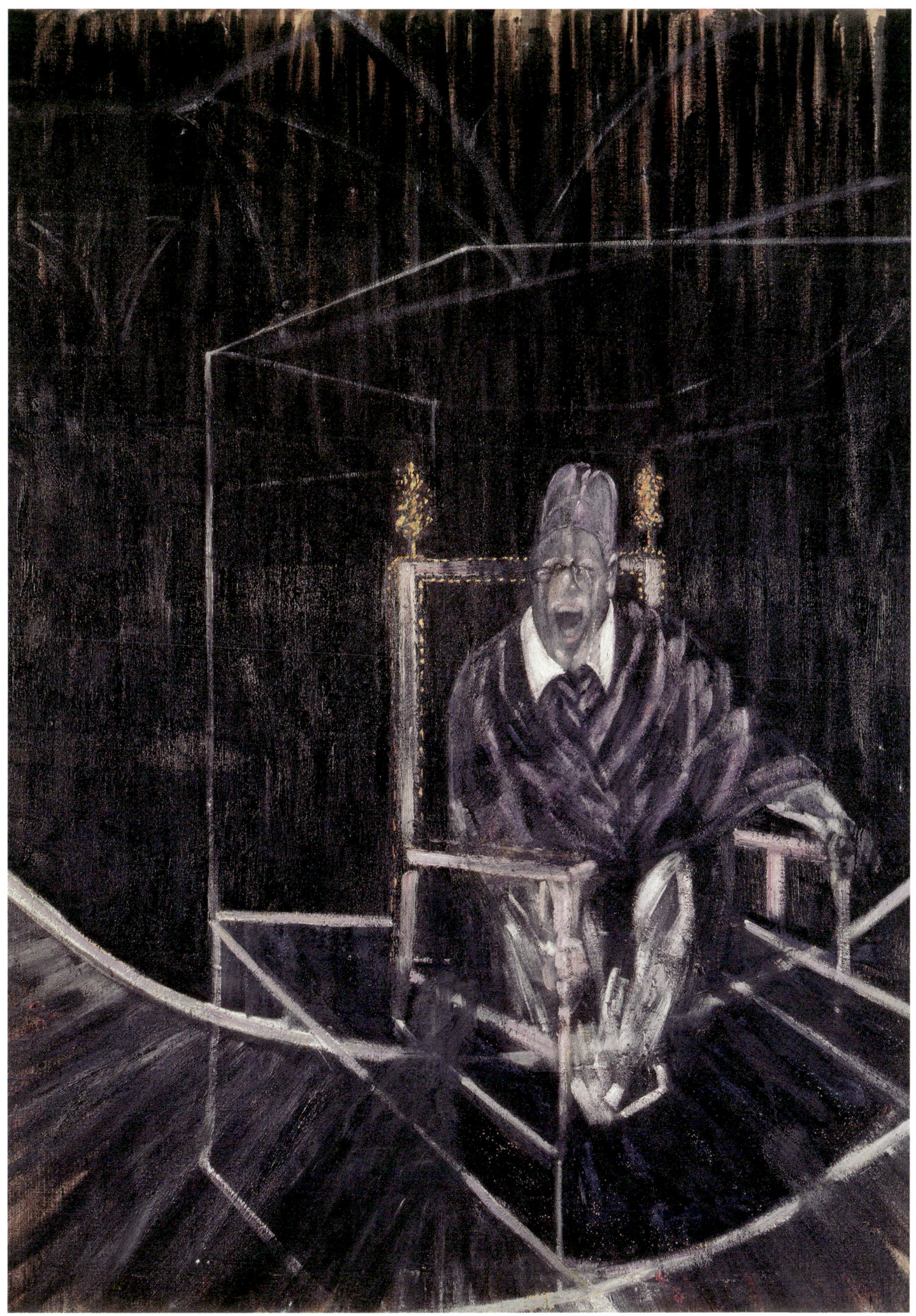

„Ich kaufte jedes Buch, das die Abbildung dieses Papstes von Velázquez enthält, weil es mich einfach verfolgt und alle Arten von Gefühlen in mir freilegt.“[21]

Francis Bacon

Bacon hat das Papst-Motiv immer wieder variiert. Hier nun eine Fassung, bei der alle Äußerlichkeiten, alle Umstände weggelassen sind. Die Raumkoordinaten bezeichnen eine Art Würfel, den wir von außen betrachten, durch den wir jedoch hindurchblicken können. Man kann sehen, dass der Raum innerhalb dessen die Figur agieren kann, eigentlich nur der im Innern des Würfels ist. Andererseits der Bildgrund, der mit senkrechten Pinselstrichen diesen Raum wie durchdringt, wie ein Regen, der zugleich vor dem Motiv liegt sowie hindurchgeht und nach hinten führt. Weiter das uns schon bekannte Motiv des nach oben Offenen, aber gleichzeitig auch des Verwischten und Vertrübten – als sei dieser stumme, erstickende Schrei als Expressives, als Ausdruckswert der Geste nun wieder zurückgenommen, als gelte er nur innerhalb dieses Innenraumes des angedeuteten Würfels.

Die Betrachtenden kommen in die merkwürdige Situation, von außen auf einen Raum zu blicken, in dem nun diese Gestalt sitzt. Aber dieser Blick von außen geht aus wie von einem Nichtraum, denn was sich als Bildraum zeigt, geht nicht nach vorne oder nach hinten, sondern wird immer wieder flach, sodass der Blick des Betrachters wie ein ortloser Blick ist – auf eine menschliche Figuration, eingekapselt in einem vollkommenen Nicht-Lebensraum. Einmal nach oben und einmal nach unten offen, unten abgeschnitten und oben verwischt.

Entscheidend ist nun, dass durch die Ästhetik, durch das Weglassen, durch den Ausschnitt etwas entsteht, was ich einen expressiven Distanzabbau nenne. Man kann sich nicht mehr absetzen davon. Es ist wie Nahsicht unter jeder Bedingung, selbst wenn man weiter davon entfernt schaut. Wo der obere Kopf sein sollte, finden wir kein wiedererkennbares Motiv, es verschwimmt vielmehr mit dem Umraum. Es werden hier Raumassoziationen und Flächenassoziationen ständig gegeneinander gespielt, sodass wir irritiert sind und in einen merkwürdigen Zwitterzustand zwischen Abbildlichkeit und Bildlichkeit hineingeführt werden.

10 | Francis Bacon, **Kopf IV**, 1949

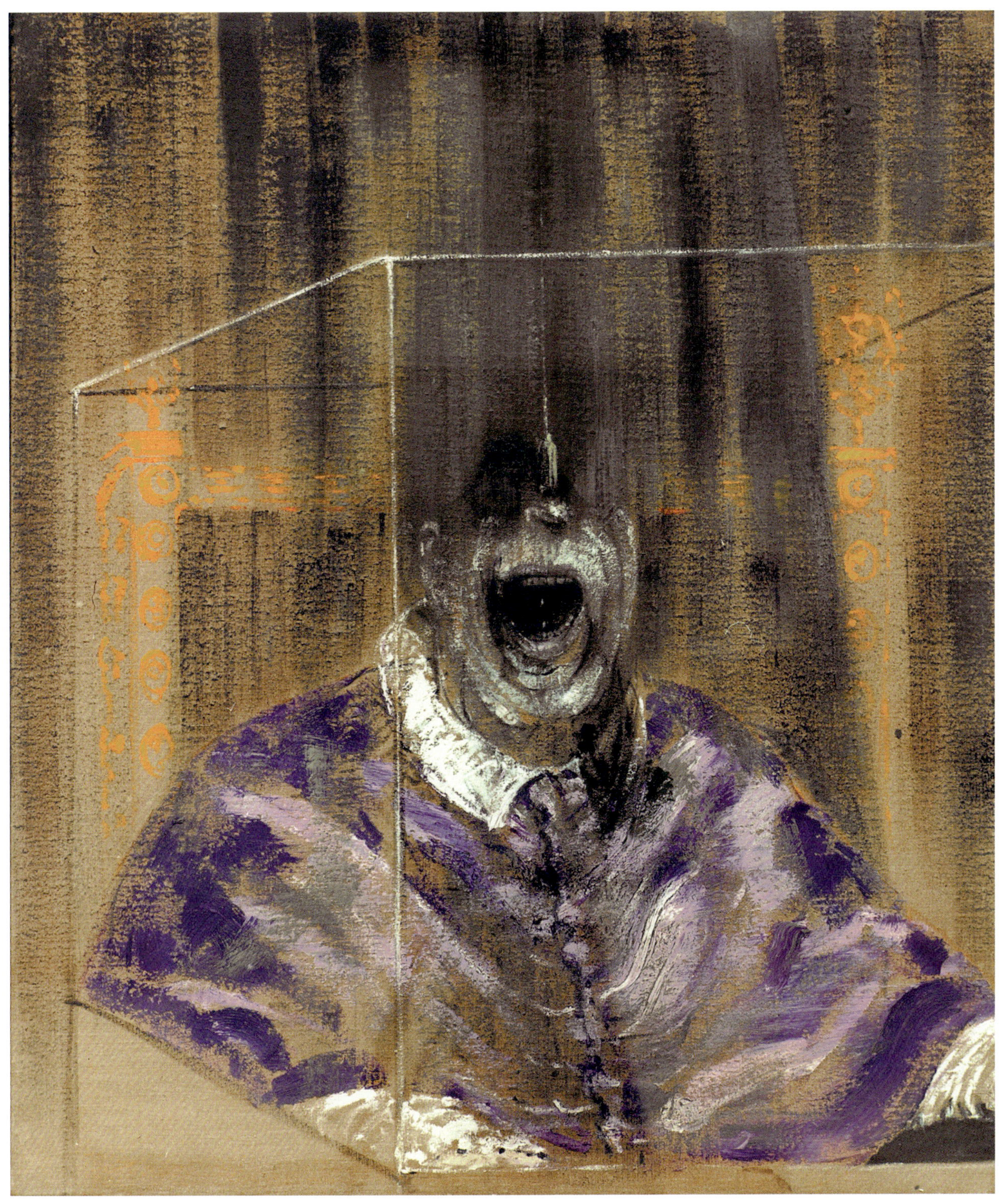

Was Bacon hier als menschliche Gestalt darstellt, ist keine Augenschmeichelei. Es ist aber auch wiederum nicht so, dass der Eindruck entstünde, er wäre gleichsam aus Versehen dazu verurteilt, keine schönen Gestalten zu malen, sondern hier kommt es ganz offensichtlich auf etwas anderes an. Es ist fast wie ein Tabubruch, dieses Bild anzuschauen: als würde man beobachten, wie einer seine Notdurft verrichtet oder einen Geschlechtsakt ausführt. Es fühlt sich einerseits fast indiskret an, das zu sehen, andererseits müssen wir doch hinblicken, weil es offenbar eine Dimension auch des Leids und eine ganz feine Spur des Mitleids gibt, sodass die Wahrnehmung hin und her schwanken kann in diesem Ausdruck zwischen Abstoßung und vielleicht doch auch Einfühlung. Tatsächlich finden wir im Werk von Francis Bacon nirgendwo etwas so dargestellt, dass es durch sein abstoßendes Äußeres verletzend, verurteilend oder diffamierend gezeigt wird. Was aber ganz entschieden auch hier wirksam ist, ist eine Art bildliche Szene, welche die Vorstellung berührt: Da kniet ein Mensch – der Titel deutet auf einen Mann, aber es könnte auch eine Frau sein – leidend, einzeln, ausgestoßen, die nackte Existenz auf sandigem Boden, in den die Füße und Hände einsinken. Die wie Gras oder Schilf anmutenden Striche verdichten sich unterhalb und hinter ihr. Im nach oben zu sich verdunkelnden Hintergrund scheint eine weitere Figur angedeutet.

Das schwarze Feld um den hellen Bildstreifen wirkt plastisch, ein raumbildendes Schwarz, das Flächen zeigt, die mal Boden, mal Rückwand, mal seitliche Begrenzung sind. Es kann Anstoß sein zu einer Raumvorstellung, zugleich aber auch Anstoß, die mit dem hellen Bildstreifen angelegte Raumvorstellung wieder aufzuheben. So kann das hin- und hergehen und Veranlassung werden, selbst in eine Situation zu geraten, in der man wie wehrlos sieht und sich ausgesetzt fühlt – eine Situation, in der Sie eigentlich nur ganz allein sein können.

11 | Francis Bacon, **Mann, im Gras kniend**, 1952

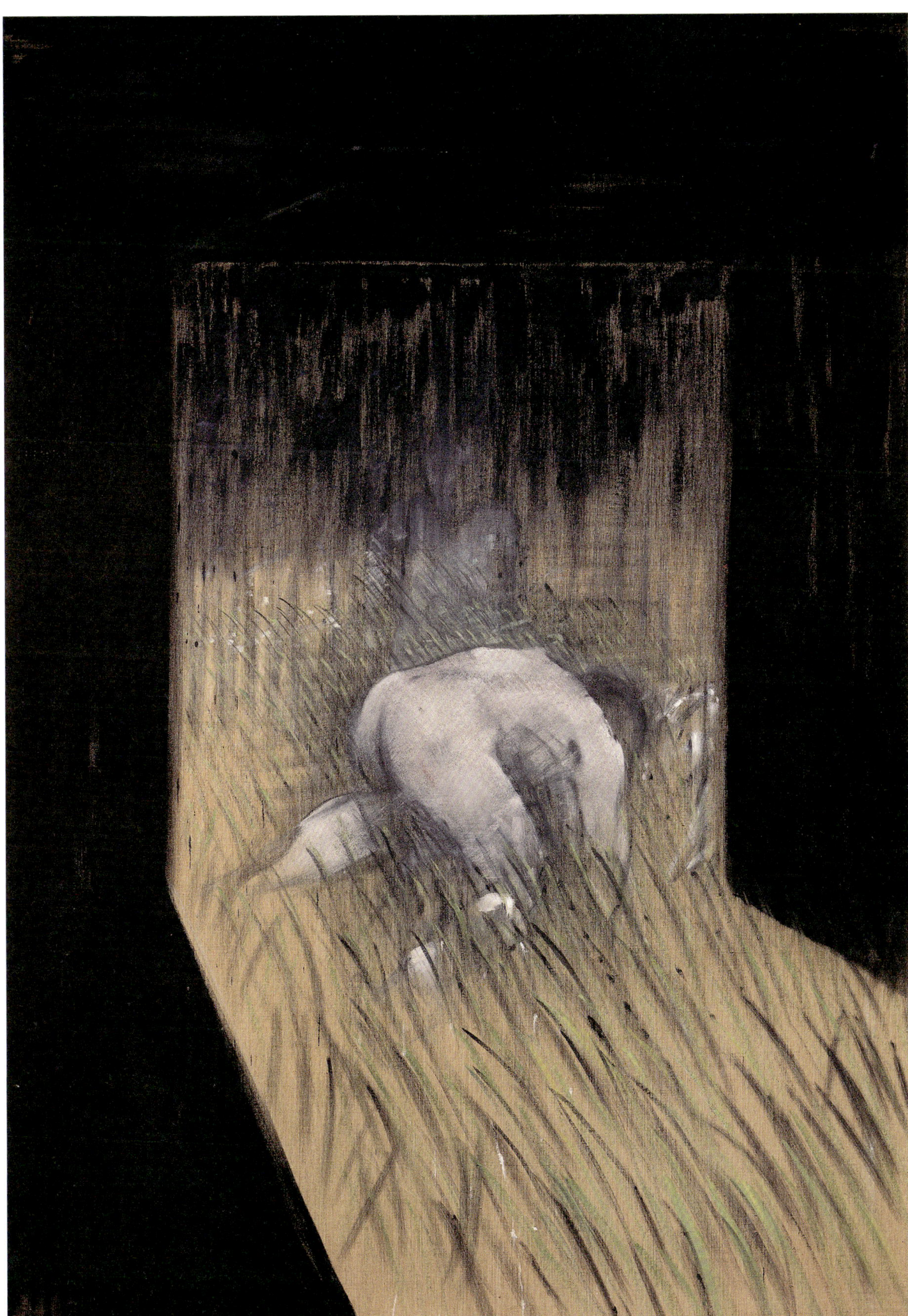

Bacon steigert den Assoziationsraum immer mehr. In diesem Bild nutzt er zum Beispiel Gestänge, das an Klinikbetten der 1950er Jahre erinnern kann. Wir sehen darauf eine Gestalt, deren organische Verfassung unsere Vorstellungskraft nicht mehr so ganz einholen kann. Was aber als Geste fassbar wird, ist ein vollkommen in sich Hineingezogenes. Farblich wird die Gebärde durch die sich zurücknehmende Kühle des Grauviolett unterstrichen. Wir sehen die Figur ausgesetzt in einem leeren Raum, der umso leerer wirkt, je plastischer sich das Gestänge abheben kann von der Fläche, aber eben auch nur partiell, denn im unteren Teil tritt das Gestänge dann auch wieder in die Bildfläche zurück, als ob es sich da in eins brächte mit dem Umraum beziehungsweise der Bildfläche, als ob die ohnehin eher abstrakten Raumkoordinaten durch das Gestänge vorübergehend stabilisiert werden. Gerade dadurch wird umso deutlicher, dass der Raum selbst es nicht ist, dass er wie der untere Teil des Gestänges permanent in Schwingung ist, unser Blick ihn nicht festlegen kann.

War mit dem Schwarz im vorangehenden Bild die Frage aufgetaucht, was Raum ist, was Fläche, so wird hier die Flächenhaftigkeit des Bildträgers selbst als Untergrund des Raumes prononciert – und mit ihr das, was hinter oder jenseits der Physik der Körper liegt.

Die Grenzziehung zwischen dem dunklen oberen Teil des Bildes und dem wie abgeschnittenen unteren Teil, ermöglicht Raumassoziationen wie „Fußboden" und „Rückwand". Es entsteht jedoch der Eindruck, das Schwarze, das Beige, das Weiße, das Bläuliche erhalten einen eigenständigen Ausdruck, die Bildelemente wirken nicht allein formal, sondern fangen auch farbig an zu sprechen, sodass nicht nur die abbildliche Darstellung, sondern auch die Farben und Formen in ihrer Wirkung aktiviert werden. Anders gesagt, Bacon ist zwar mehr oder weniger abbildlich tätig, aber aktiviert zunehmend die Bildelemente selber für diesen Gestus, für den Charakter, für das Erfahren von menschlicher Figur, wenn auch ganz gewiss nicht in dem Sinne, dass es sich darum handelt, dem Beschauer eine Augenweide zu bieten.

12 | Francis Bacon, **Studie für eine Figur in einem Raum**, 1953

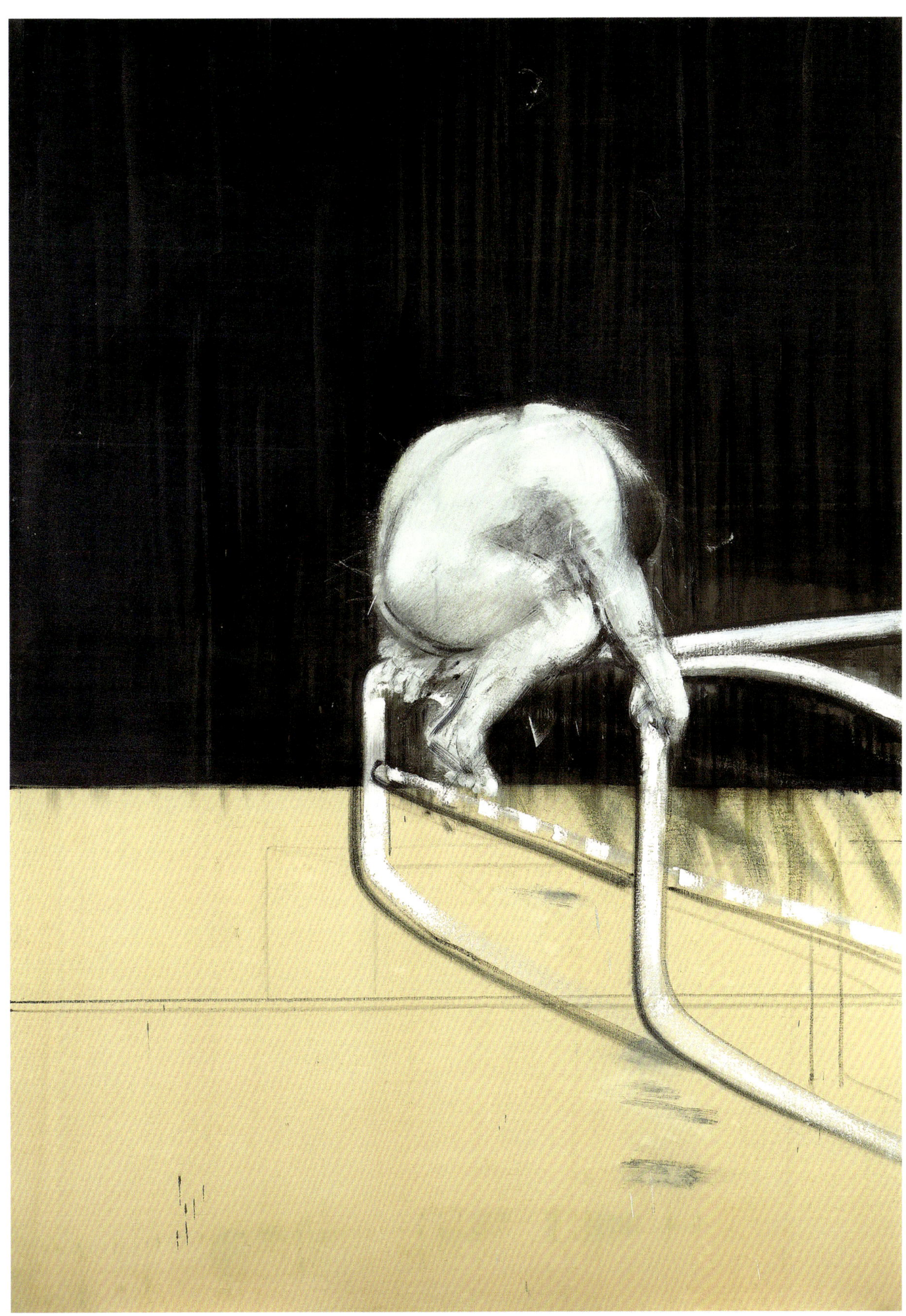

„Man will als Künstler zu einem tieferen Gefühl für die Wirklichkeit des Bildes führen, wo man versucht, eine Konstruktion zu finden, durch die das Wesentliche roh und lebendig eingefangen wird.“[22]

Francis Bacon

Wir kommen hier an eine Bildstruktur, die Francis Bacon zahllos gesucht und immer wieder erarbeitet hat. Sie besteht aus gebogenen Linien, Bögen oder Rundungen, die in das Bild hineinragen.

Auch in diesem Selbstporträt des Künstlers sind es Linien, die einen Raum andeuten, hier ein rotbrauner Bogen hinter der Figur. Um die Gestalt herum ist ein weißer Ring beziehungsweise ein Oval gezogen. Auch ein roter Ring mit engerem Radius ist zu sehen, der sich aber nur als Halbkreis zeigt. Die Muskeln und einzelnen Organe der Figur setzen sich mit ovalen Schleifen von dem gesamten Duktus der Linien ab, sodass es nie zu einer vollständigen organischen Vorstellung und gerundeten Proportion kommt.

Die obere Bildhälfte ist in einer blassen Fliederfarbe gemalt, in welche die Figur mit ihrem Oberkörper hineinragt und die mit dem dunklen Orange des Bogens kontrastiert. Neben dem Gesichtsprofil der Figur ist eine weitere Silhouette zu sehen, als würde ein Schatten auf eine Wand geworfen, wobei erst der Schatten das Violett als Wand definiert und der undefinierte Raum so herangeholt und wie zusammengezwungen wird mit der szenischen Figuration zu einem forcierten Umraum. Umgekehrt hätte man plötzlich einen freistehenden Schatten in der Landschaft, in dem wie luftleeren Raum, als ob sich das nicht mehr zusammenfügt.

Die Figur wirkt in der Mitte wie zusammengeschraubt, wie verknotet. Nur der Oberkörper, das Hemd, die Krawatte, der Kopf erscheinen noch einigermaßen normal. Die Gestalt sitzt wie auf einer Art Drehstuhl, von dem nur die Sitzfläche angedeutet wird, die wiederum in der Luft hängt. Allein der durch die Ringe hervorgebrachte Eindruck einer Dynamik erzeugt hier Stabilität, erzeugt Raum und Körperlichkeit. Es scheint, als könne nur die Einkreisung aus dem Umraum die Figur halten und hervorbringen.

13 I Francis Bacon, **Selbstporträt**, 1978

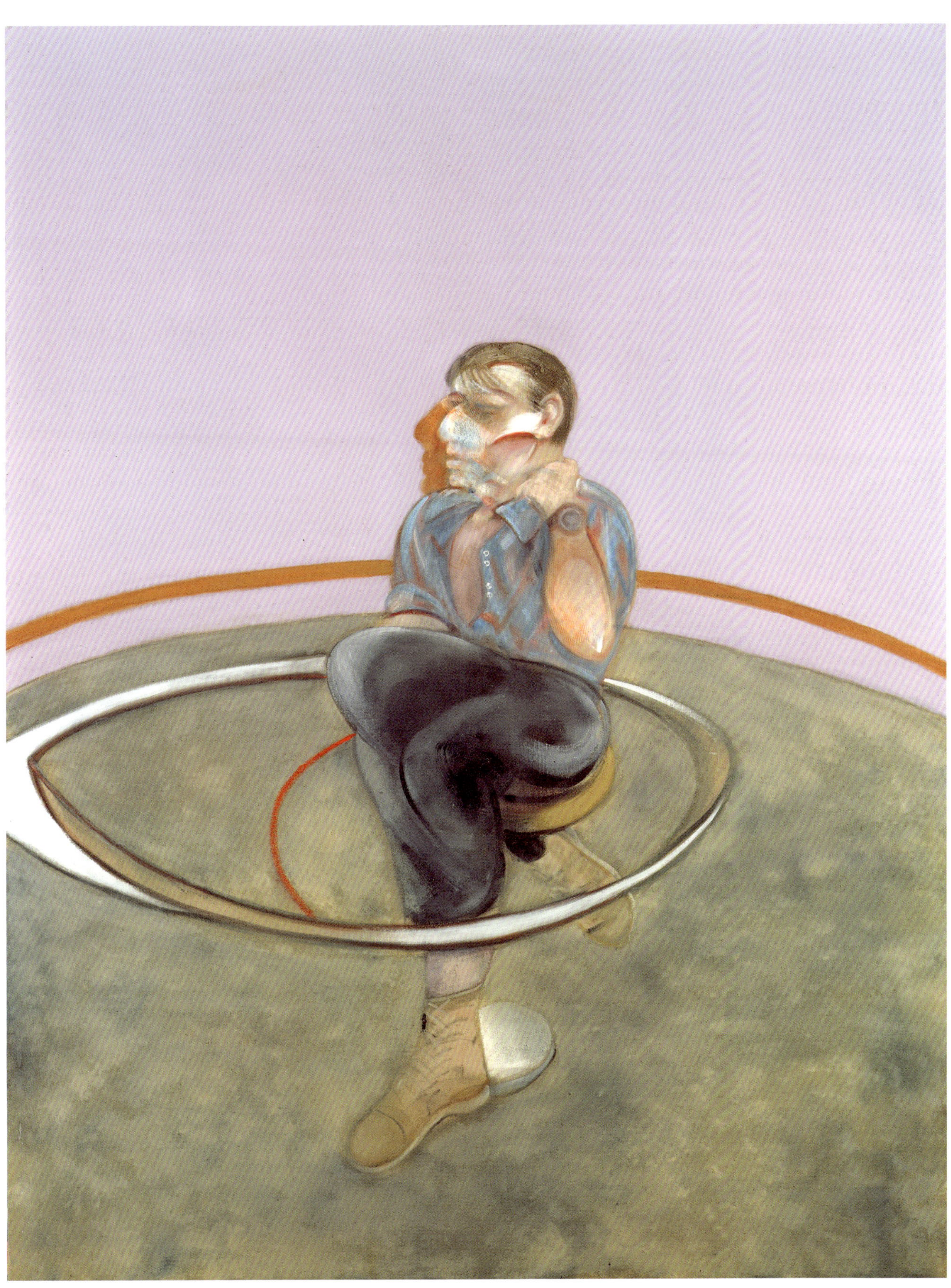

Ich hatte Ihnen angekündigt, dass Bacons Bilder wie eine Art Höllenfahrt erlebt werden können, als Durchgang durch Zonen menschlicher Erfahrung, in denen auch das Verborgene und das Schwere zu finden sind.

Auch hier wieder eine Gestalt in einer stark expressiven Gebärde, ohne dass deutlich wird, ob die merkwürdig verrenkte Figur liegt, schwebt oder fällt. Im Hintergrund finden wir auch hier wieder weiße Linien, die eine Art Koordinatensystem in das sonst dunkle Gebilde projizieren, das andernfalls räumlich kaum fassbar würde. Das dunkle Grün im unteren Bilddrittel legt sich wie ein Untergrund unter das Schwarz und tritt wiederum zugleich flächig davor. Auf dem Bett oder Podest ist eine Gestalt mit ausgebreiteten Armen zu sehen, die in die Betrachtung von etwas versunken scheint, das sie in der Hand hält.

Die angezogenen Beine der amphibienhaft wirkenden Figur gehen über in merkwürdig geschweifte Strümpfe, wenn man hier überhaupt von solchen sprechen kann. Das Leibchen mit den dünnen Trägern hängt an dem fahlen, grün-blau-weißen Körper, an dessen Extremitäten gelbe und rote Einsprengsel zu sehen sind. Das Mieder kann auch den Eindruck erwecken, als würde man zum Bildgrund, zur Leinwand durchsehen. Das Gesicht und die Augen werden von dunklen Haarsträhnen teilweise verdeckt. Der halb geöffnete Mund mit den sichtbaren Zähnen tritt deutlich in Erscheinung und verleiht dem Gesicht einen verbissen grinsenden Ausdruck. Die diaphane, irisierende Haut der Figur wirkt wie abgezogen, als fehle die Oberhaut. So kann der Eindruck einer ungeheuren Ausgesetztheit entstehen.

Das Unabgegrenztsein, das Preisgegebensein ist etwas, was hier fassbar werden und ein „hautloses Entsetzen" auslösen kann. Ein Zustand, der dann erlebt wird, wenn alle Schutzhüllen wegfallen, oder anders ausgedrückt, wenn etwas nicht in seine Gestalt hineinfindet, sondern wie außen vor bleibt oder aber hinausfällt.

14 | Francis Bacon, **Liegende Figur**, 1959

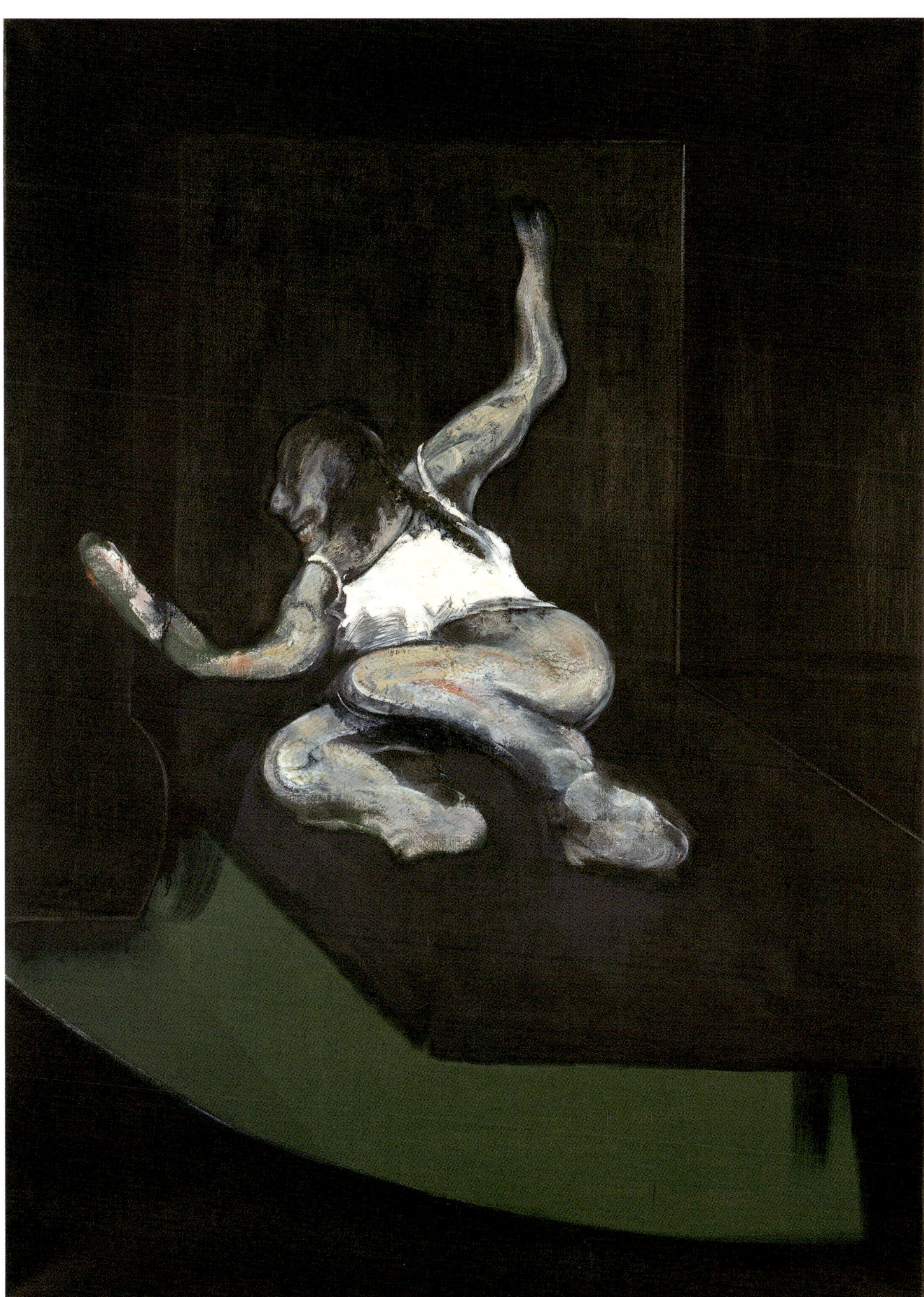

„Meine Malerei ist nicht gewalttätig; es ist das Leben, das gewalttätig ist.“[23]

Francis Bacon

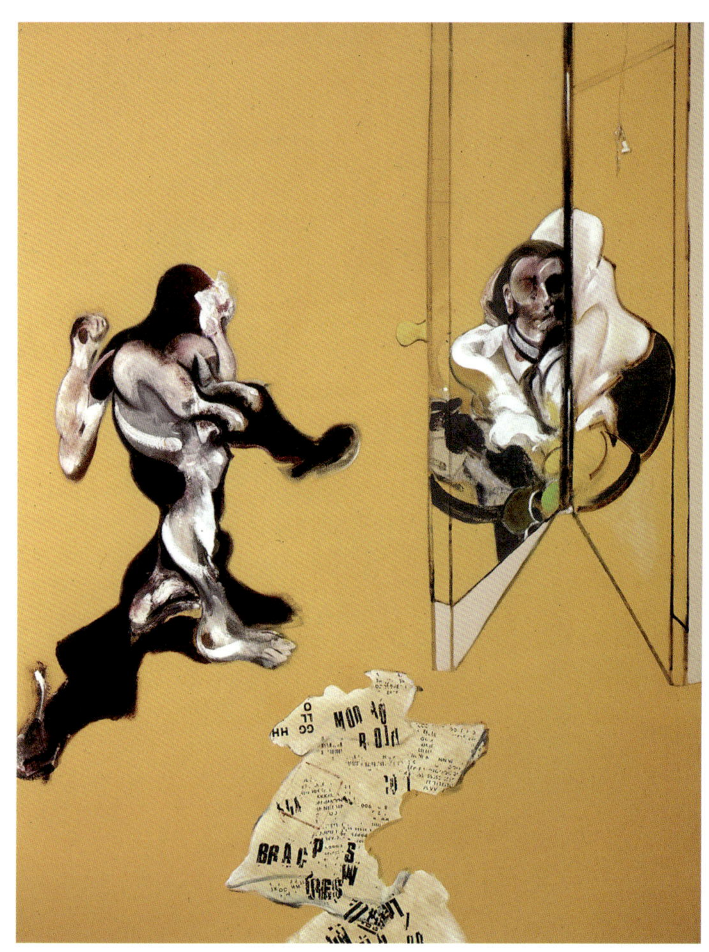

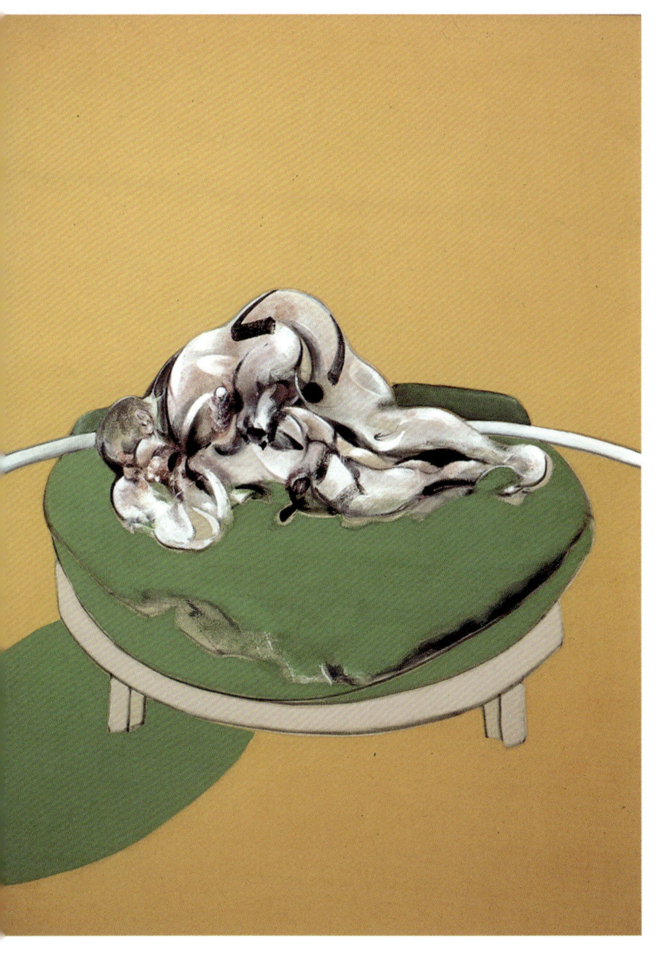

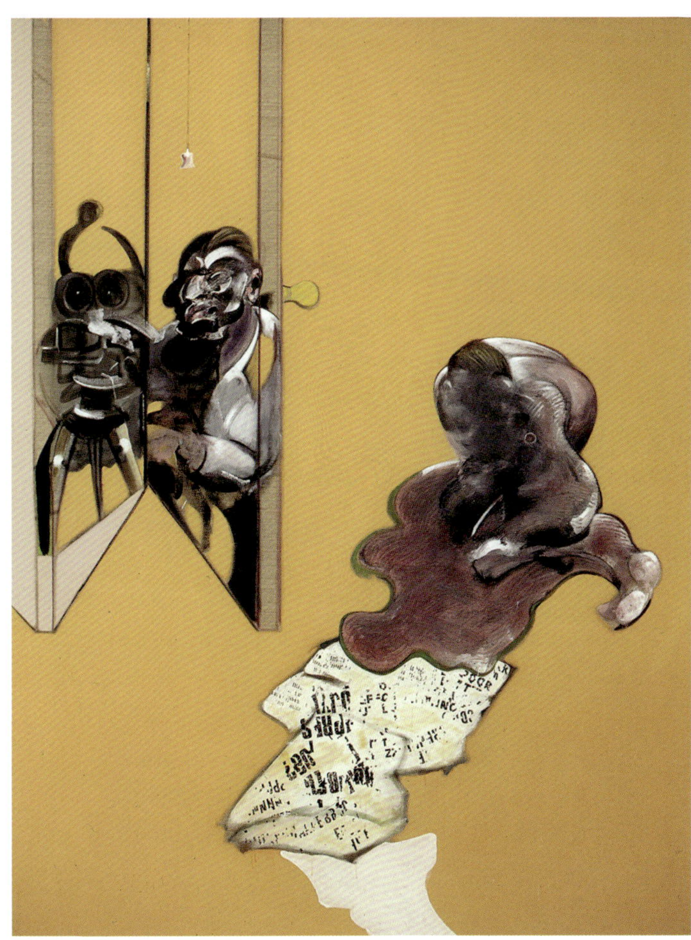

15 I Francis Bacon, **Studie einer menschlichen Gestalt,** 1970

Nun muss ich Ihnen auch dieses Bild zumuten. Es heißt *Studie einer menschlichen Gestalt* und ist das mittlere Bild eines Triptychons, auf dessen Seitenbilder wir hier nicht näher eingehen werden. Schon die Darbietung auf diesem Gebilde weckt durchaus Assoziationen an die Art, wie die menschliche Gestalt zum Beispiel in einer Peep-Show präsentiert wird, wo das Auge auf die reine Leiblichkeit gewendet wird, ohne sie menschlich zu fassen.

Hier wird der Blick auf ein oranges Umfeld in einer grünen Rundung gelenkt, die dann wiederholt wird, wobei die grüne Rundung wiederum durchkreuzt ist von einem weißen Bogen – und dann ist mittig ein Gebilde da, gegenüber dem wir uns vielleicht tatsächlich scheuen, das Begriff werden zu lassen, obgleich die Nähe zum Begriff „Mensch" unabweisbar ist. Es drängt uns, weil wir das Erkenntnismuster haben, so lange hinzugucken, bis wir erkennen, was es ist. Dieses Erkenntnismuster, welches unweigerlich ist, das wird aktiviert, aber es widerstreiten sich hier sozusagen die unwillkürliche Zuwendung und die willkürliche. Wir wollen das ja eigentlich gar nicht sehen, aber weil wir es dennoch erkennen wollen, sind wir gezwungen, es anzusehen. Und weil wir es nicht erkennen können, müssen wir wieder und wieder hinschauen. Wir gehen sozusagen in eine Art Zwangsfalle, denn es ist eine Art anschaulicher Prozess, der aktiviert wird und der uns in die Unweigerlichkeit, in die Unausweichbarkeit, etwas ins Auge fassen zu müssen, führt. Zudem wird durch diesen aggressiven Farbkontrast, der wie eine Art Gewaltsamkeit beim Sehen eintritt, das Letztere so beeinflusst, dass es nicht nur das, was da ist, als Deformation zeigt, sondern die Deformation auf den Prozess des Sehens selber übergreift.

In diesem Bild ist die Figuration so gestaltet, als wären die einzelnen Organe und Gliedmaßen ununterscheidbar. Mal wird etwas Inneres sichtbar, mal etwas Äußeres. Als ob sich das trennt. Mal sieht man diese Figur als eine, dann sieht man sie wieder als zwei. Und je länger Sie schauen, umso unfreier, faszinierender, aber auch abstoßender kann das werden.

15 | Francis Bacon, **Studie einer menschlichen Gestalt** (mittlere Tafel), 1970

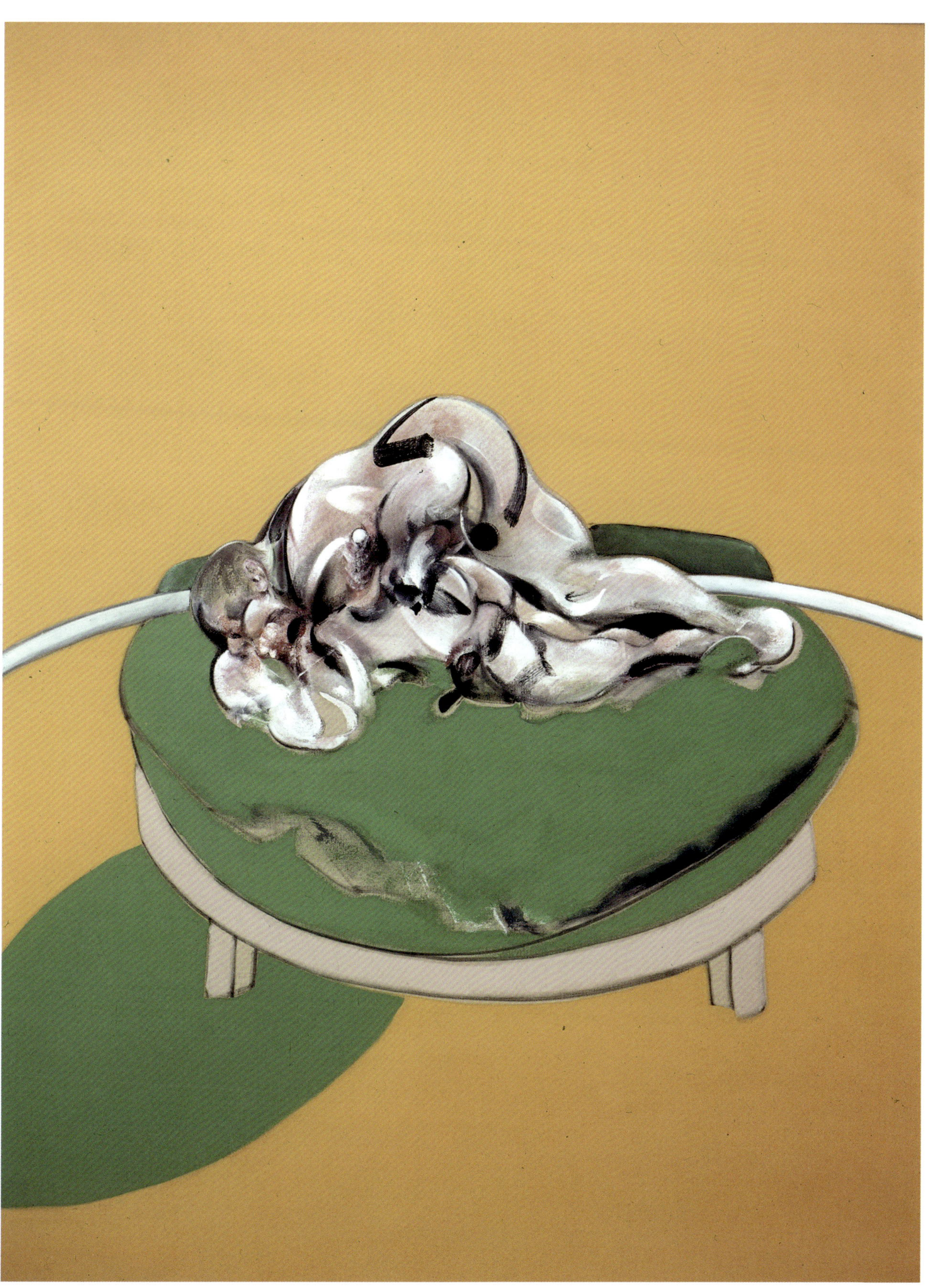

Wir sehen eine wie vom unteren Rand in das Bild hineingeschobene Fläche, auf der real aufgetropfte rote Flecken zu sehen sind. Letztere wirken durch den Naturprozess des Drauftropfens authentisch wie Blutstropfen. Der Schutz der Ästhetik wird auch hier durchbrochen und mit ihr der Raum des Bildes: Plötzlich tritt das als Blutspur selber im Bild auf, was als Realbegegnung hineingetropft wurde und nun motivisch wirksam werden kann.

Hier bricht etwas durch, wogegen sich Francis Bacon mit Händen und Füßen gewehrt hat. Er hat sich gegen jedes illustrative Element gewehrt, er wollte nicht illustrieren. Er wollte nicht in die Gefahr kommen, die wir beim Surrealismus bemerkt haben. Die Gefahr nämlich, wenn schon nicht reale, doch wenigstens surreale Tatbestände zu illustrieren. Das wollte er auf keinen Fall: Er sah weder in der Abbildung von Wirklichkeit noch im Zitat von übersinnlichen Vorstellungen einen Sinn. Der einzige Ausweg für ihn war die Aktivierung des authentischen Bildes. Also das, was durch das Bildgestalten selber fassbar wurde.

16 | Francis Bacon, **Blut auf dem Fußboden**, 1986

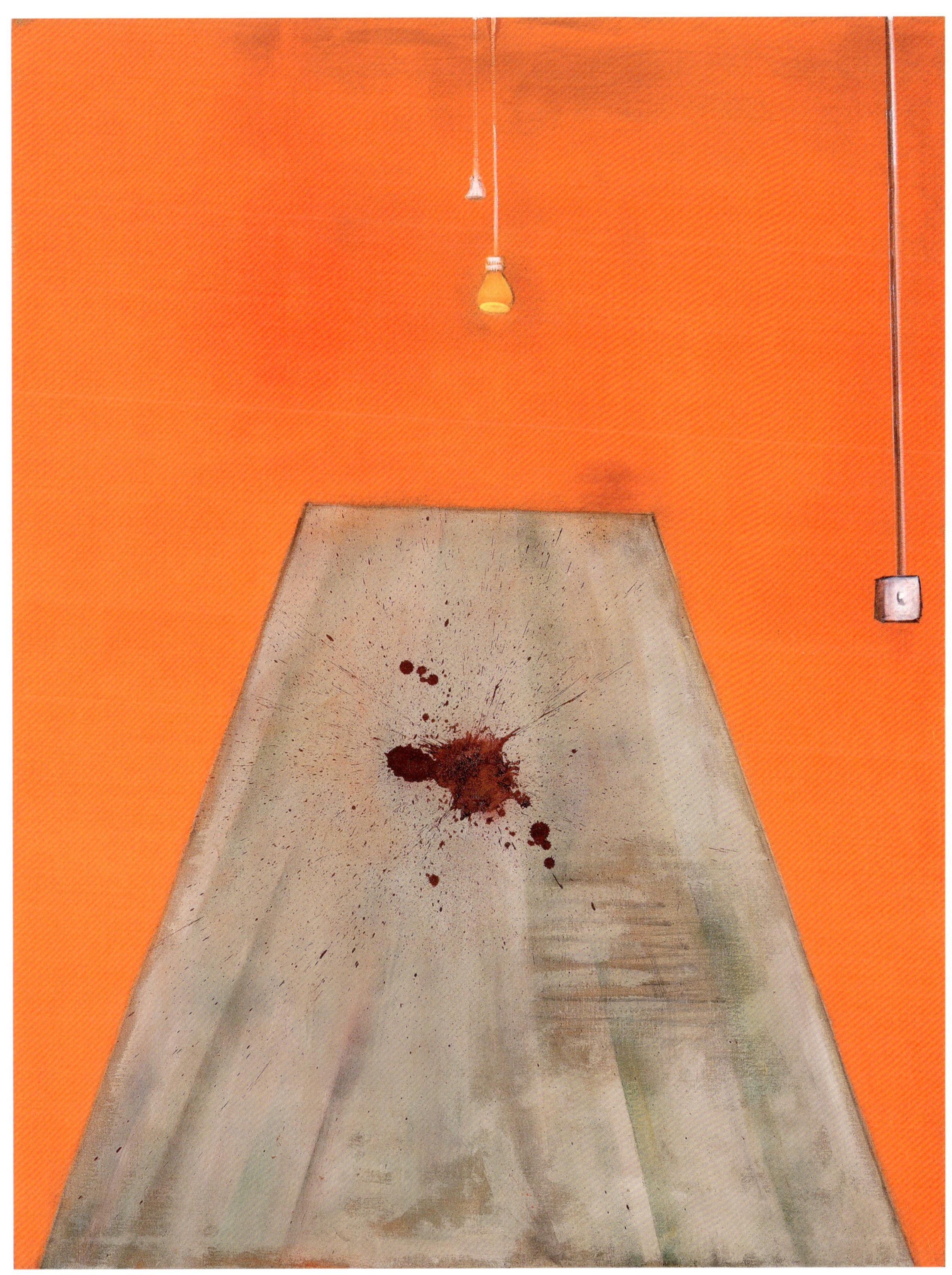

„Es ist sinnlos, jemanden einfach abzubilden. (...) Der Maler muss kreativer sein, wenn er die Wirklichkeit vermitteln will. Er muss die Realität neu erschaffen."[24]

Francis Bacon

Hier nun ein Porträt seines Freundes George Dyer. Wenn wir ein solches Porträt eines Freundes sehen, könnten wir sagen: Der arme Freund. Zum anderen können wir auch versuchen, uns darauf einzulassen und zu sehen, was hier fassbar wird. Da ist ein zusammengeschrumpfter Leib, der nach unten immer weniger wird. Da ist ein fassbares Auge, mimetisch. Dazwischen ist eine Zone, die wie zerrissen wirkt, und unten Papierstücke, die hier vielleicht noch identifizierbar sind.

Um den Kopf herum ein Rechteck mit einer klaren blauen Fläche und einem schmalen Rahmen, angrenzend ein breiterer weißer Streifen, der nur oben und auf der linken Seite zu sehen ist.

Es fällt der Blick wie in einen runden Innenraum mit rotem Teppich, zartlila Wänden und einer grauen Decke von der herab – wie auch schon im vorherigen Bild – eine Lampe senkrecht nach unten hängt. Ein weißes, nach rechts geschwungenes Kabel mit einem Knauf wirft, wie auch die Glühbirne, einen Schatten auf die Rückwand. Das Blau und Weiß, das eine Art Eigenraum um die Kopfzone bildet, wirkt durch den rechten Winkel der blauen beziehungsweise weißen Fläche stabilisiert, während der untere Bereich der Figur sich vollkommen auflöst und sich in diese rudimentären in sich verknoteten, deformierten, ja wie auslaufenden beinlosen Strukturen verliert, die auch wieder nur eine Anspielung auf Organisches sind.

Wenn Sie diese Schrecklichkeit zugunsten des Versuchs einer Erkenntnis überwinden, können wir nun noch einen Schritt weitergehen.

17 | Francis Bacon, **Porträt George Dyer, redend**, 1966

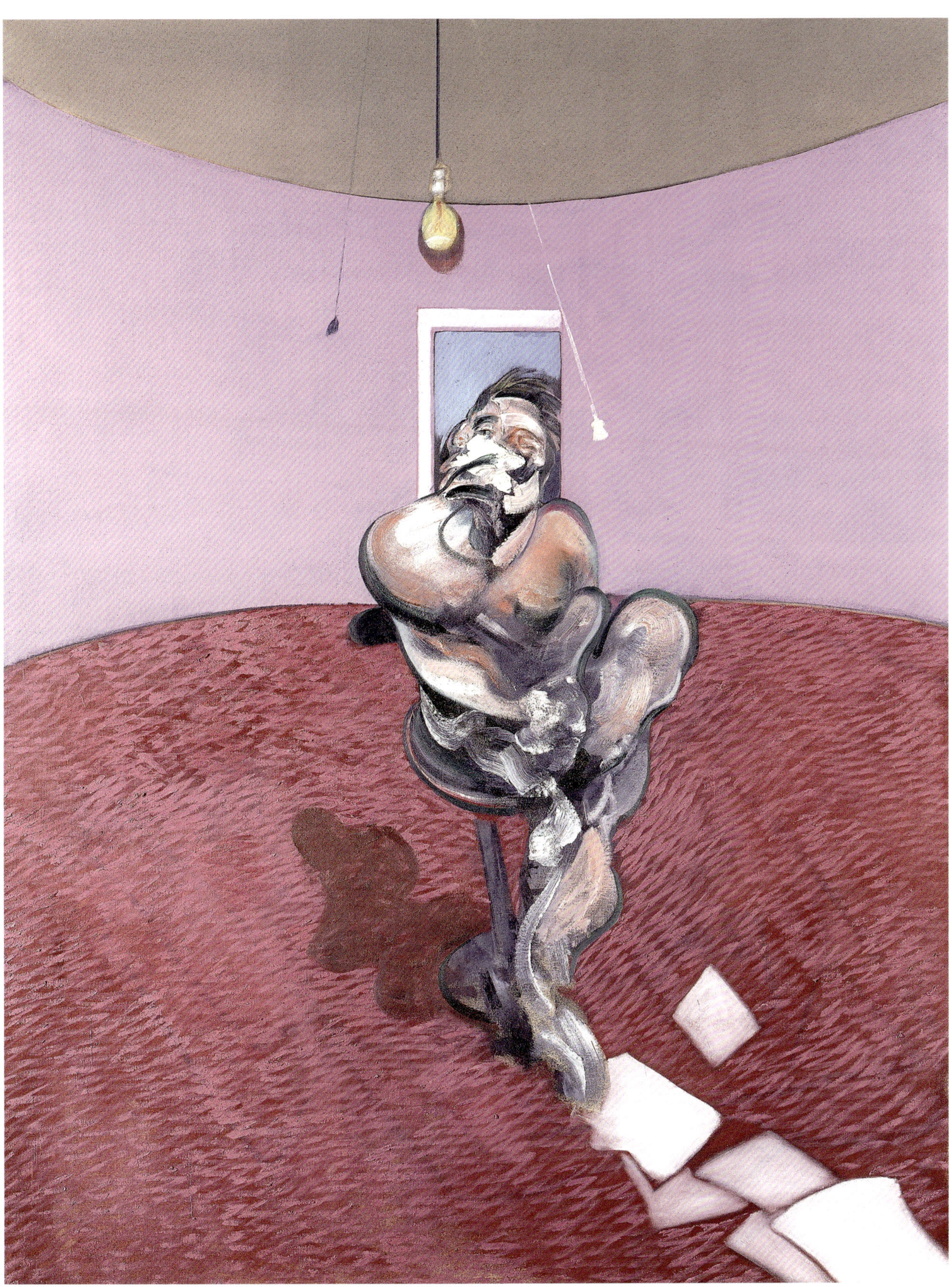

Hier eine an Leiblichkeit anspielende Gestaltung, die noch weniger greifbar wird, indem durch die Andeutung eines Raumes – was hier wiederum eine Rolle spielt – eine Art Spiegeleffekt entsteht. So ähnlich haben wir das schon einmal bei Monet beobachtet, der auch den Bildraum durchbrechen wollte, indem er die Natur vermehrt dort aufgesucht hat, wo sie sich spiegelt, wo sie selber sich entformt, enträumlicht.[25]

Hier zeigt sich die Vermischung der Eindrücke zwischen einerseits virtuellen und andererseits realen Bildern, die deutlich wahrnehmbar ihr Bildsein nicht verleugnen, denn sie können ja im realistischen Zusammenhang gar nicht so auftreten. Gerade durch die Andeutung von Perspektivität wird die eigentliche Perspektive des Bildes, des Raumes aufgehoben.

Nun ließe sich ganz vorsichtig formulieren, was eigentlich positiv mit dieser ungeheuren Deformation der leiblichen Gestalt verbunden werden kann: Durch die Aufhebung der organischen Einheit als etwas Vorgegebenem tritt etwas auf, nämlich eine Art der Selbstbetroffenheit, etwas, was eigentlich an Wertigkeit der sogenannten intakten Organisation gegeben ist. Wir nehmen unseren Leib so vollständig hin als etwas Gottgegebenes und tatsächlich geht ja der ganze goldene Schnitt durch die gesamte Körperproportion hindurch. Wenn das nun aber ganz aufgehoben wird, kommt es zu einer Art Verunsicherung gerade durch die assoziative Nähe mit der eigenen Leiblichkeit, mit der wir uns nicht selten identifizieren und darin einfach aufgehen. Doch dieses Einssein wird in Bacons Bild nun ungeheuer tangiert, irritiert. Es tritt etwas ins Bild, was uns als Erfahrung selbst kaum zugänglich ist und mit der lebendigen Prozessualität unseres Körpers zu tun hat. Der Leib als Vorgang gerät in die Wahrnehmung – ohne jedoch Eingang in die Abbildung nehmen zu können, denn er sprengt die Möglichkeiten der Mimesis. Das Bild kann nur wie ein flüchtiger Spiegel einen Ausschnitt davon erhaschen. Es zeigt Metaphysik gewissermaßen im Wortsinne als das hinter den Dingen Liegende ohne Rücksicht auf seine Anschaulichkeit. Deswegen mag man es auch nicht. Es überschreitet die Grenzen der Malerei. Wir haben es zu tun mit Bereichsüberschreitungen.

18 | Francis Bacon, **Liegende Figur im Spiegel**, 1971

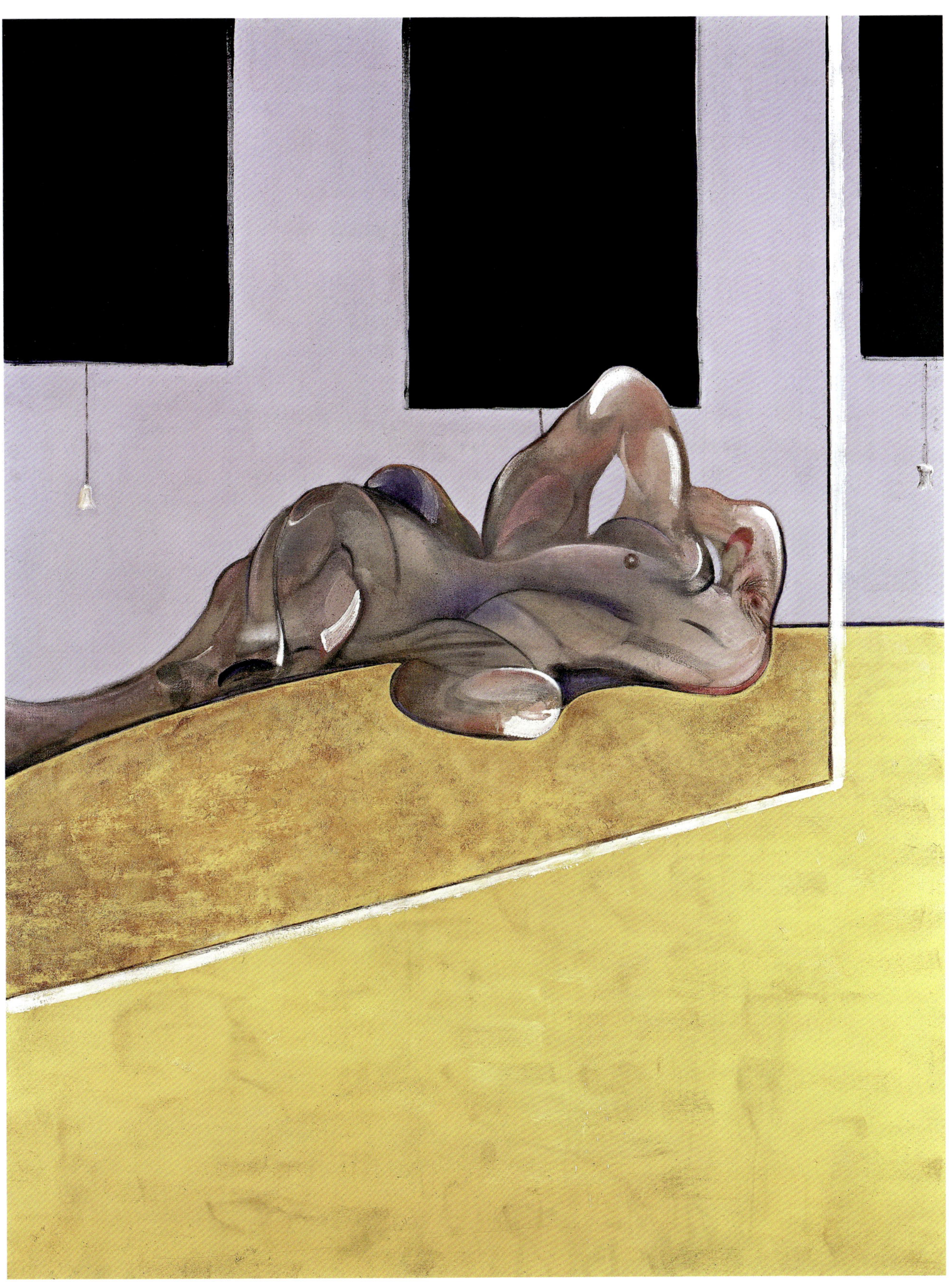

„Die Gefühle der Verzweiflung und des Unglücks sind für einen Künstler nützlicher als das Gefühl der Zufriedenheit, weil Verzweiflung und Unglück seine ganze Sensibilität ausdehnen."[26]

Francis Bacon

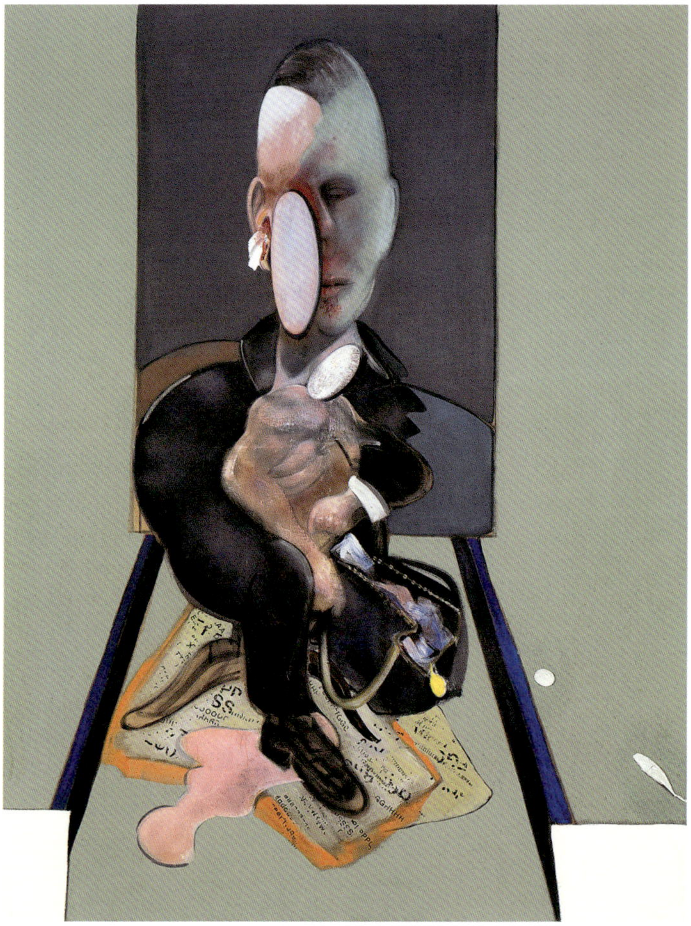

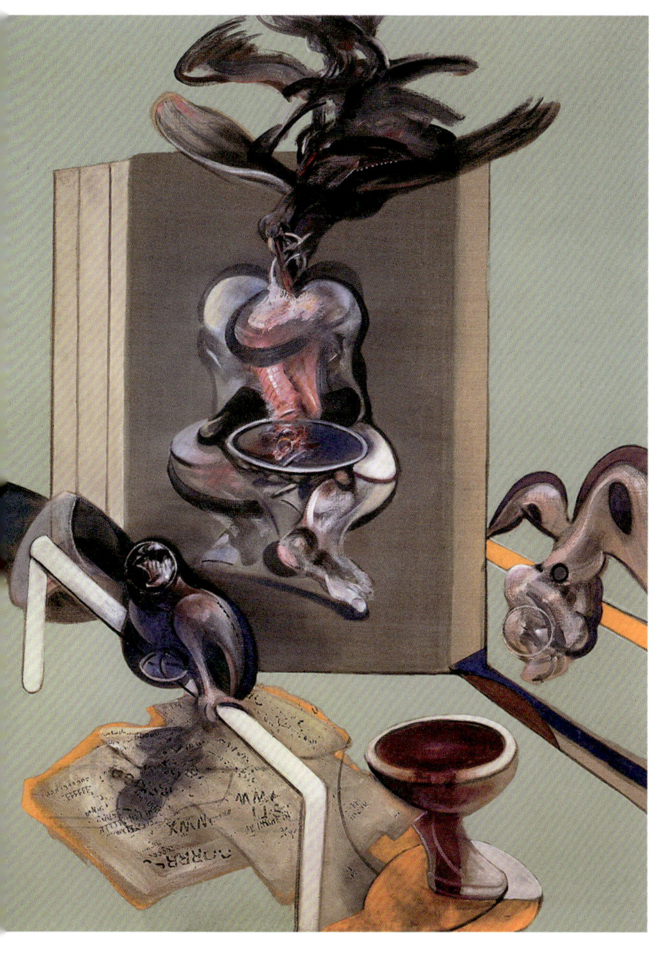

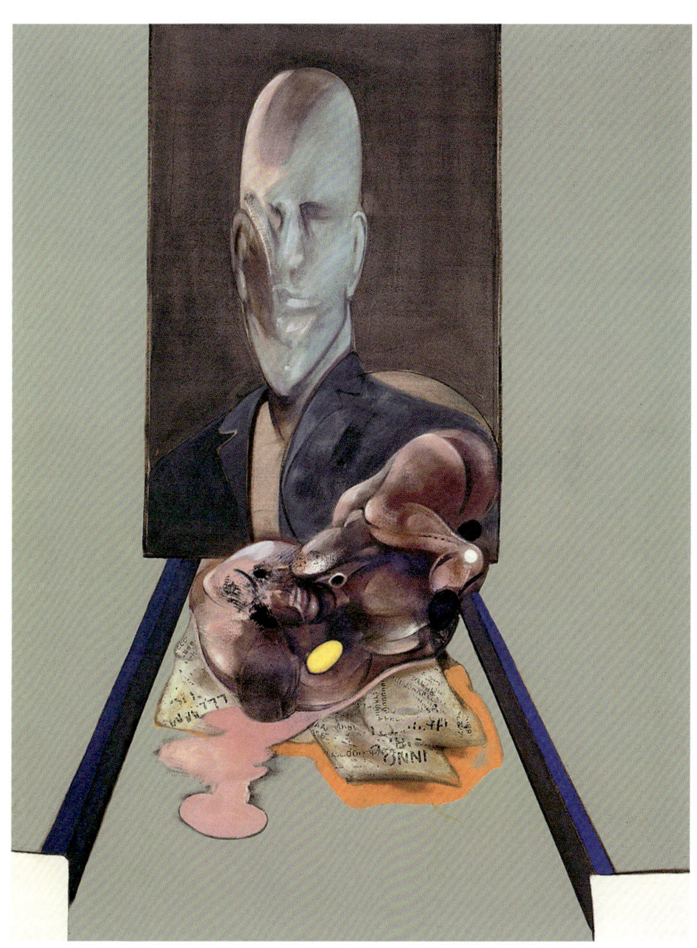

19 | Francis Bacon, **Triptychon**, 1976

Hier nun wieder ein Triptychon, das ganz deutlich wird in einer bestimmten Richtung. Was sich an einer solchen Figuration allerdings zeigt, ist ungeheuer subtil. In Worte gefasst fühlt es sich so an, als würde man eine gewaltige Keule in der Nähe einer ganz wunderbar eingerichteten Glasvitrine schwingen. Ich selbst ziehe den Kopf ein, wenn ich das hier mache.

Wir konnten beobachten, dass in Bacons Bildern nicht nur die organische Einheit des Körpers, sondern auch die Raumeinheit aufgehoben wird, sodass der Raum wie von einem undefinierbaren Außen-Raum, wie von einem Nicht-Raum aus betrachtet wird. Weiter konnten wir sehen, wie die Bildstruktur durch Farbe und Pinselspuren sowohl Raum- als auch Körperassoziationen hervorruft. Ferner konnten wir feststellen, wie zugleich dagegen angemalt wird, sodass stets ein instabiles Spannungsverhältnis entsteht.

Auch hier haben wir wieder eine Porträtfolge, jedoch in einem doppelten Sinn, denn es wird in dem blaugrauen, sich rechteckig absetzenden Gebilde gleichsam ein Bild sichtbar, eine Leinwand mit einem Porträt, wo aber der Porträtierte sozusagen unten aus dem Bild heraushängt: Oben ist der Kopf zu sehen, dann folgen ein beziehungsweise zwei stürzende Ovale, welche die Gesichtsform aufnehmen, und darunter in einem Gewand, das viel größer ist, ein kleiner nackter Leib. Es kann so der Eindruck entstehen, als ob die Person sich selbst auf dem Schoß sitzen würde. Ein großer Kopf, ein relativ kleiner gewandeter Leib – und da drin kommen plötzlich die Schulter und der Oberarm und ein kleines Händchen in einem ganz anderen Maßstab zum Vorschein, sodass das gar nichts zusammenpasst.

Die Figur ist so dargestellt, als ob sie auseinandertritt: Der Kopf ist überbetont angesichts des bisschen Leibes, der da noch dran ist. Unten wie beschriebenes, bedrucktes Papier und darüber ein verlaufender rosa Schatten, der so in Erscheinung tritt, als ob er selbst Haut hätte. Aber auch das schon zuvor beobachtete Hautlose ist hier zu beobachten neben einer offenen Tasche im Hintergrund mit undeutlichem Inhalt.

19a I Francis Bacon, **Triptychon**, (linke Tafel), 1976

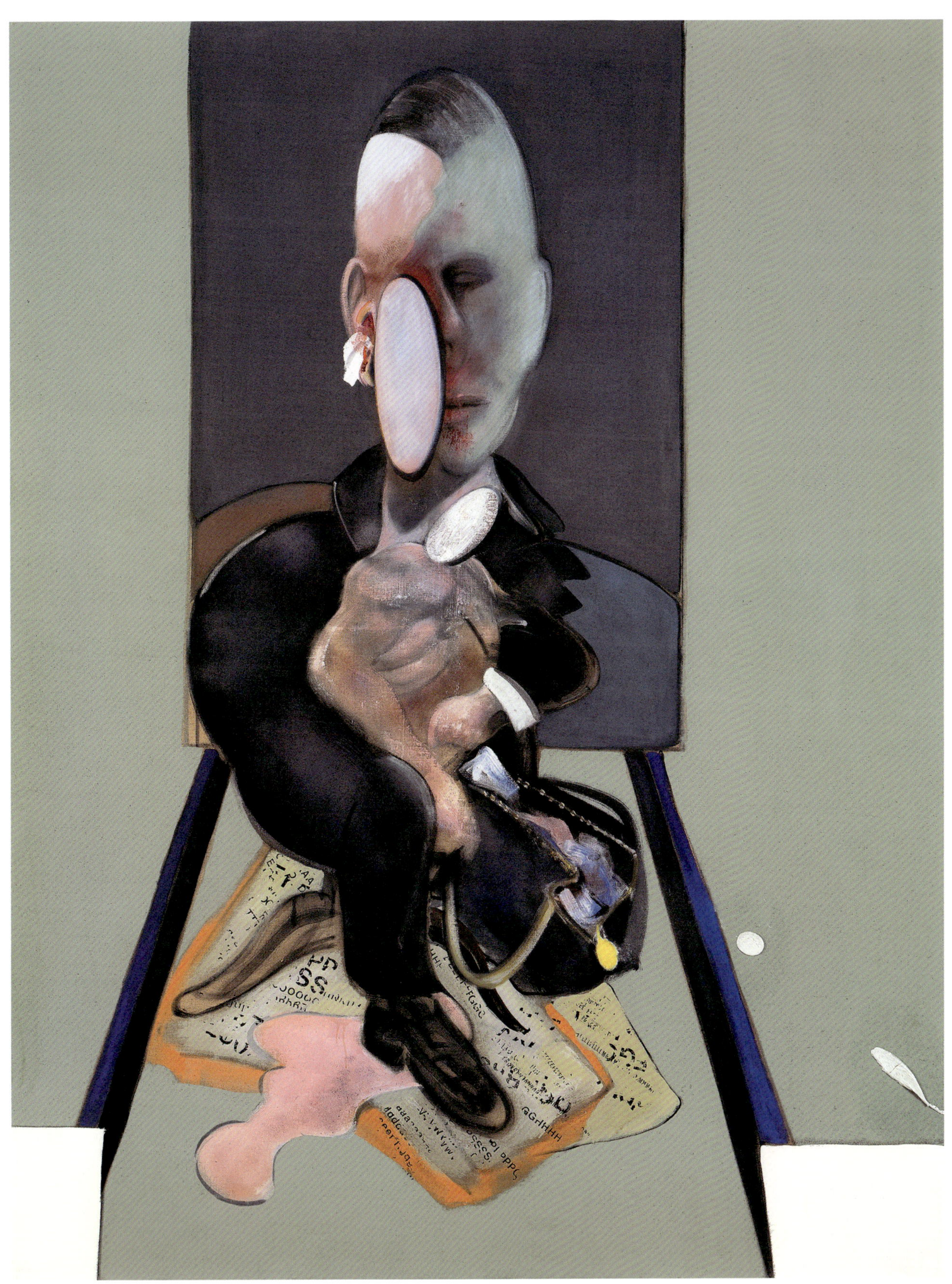

Wo in dem ersten Bild der Folge der Kopf war, ist jetzt ein Körper zu sehen, in den man wie durch verschiedene Schichten bis zur Wirbelsäule hineinblicken kann. Die Proportionen sind auch hier wieder unförmig und anstelle des Kopfes stürzen ein Gewimmel dunkler Vögel herab und haken sich mit dem Raubtierschnabel dort ein, wo sonst der Kopf sitzt. Unten links sehen wir eine der uns schon bekannten Stangen, auf der ein affenartiges Wesen sitzt. Gegenüber ein Gebilde mit Flügeln oder einem dicken Gehörn auf einer orangefarbenen Stange. Im Vordergrund eine mit anthropomorphem Fuß gebildete, kelchförmige Schale mit einer dunkelroten Flüssigkeit und am Boden wieder bedrucktes Papier.

Wenn man nun ein klein wenig die Symbole des Mythos gelten lässt, ließe sich durchaus sagen, dass dort, wo das Gedankenelement eingreift, Vögel und Gefieder in Erscheinung treten. Gefiedertes, eine abstrakte, kopflose Gestalt und rechts davon dieses ganz Unbewältigte, Deformierte, das wie ein Anhängsel, wie ein Totgeborenes anhängt. Wenn wir diesen Gebilden eine Bedeutung zuschreiben wollen – es gibt keine Tabus, selbst nach Bedeutung darf man fragen –, so fällt mir Platons *Timaios* ein, die Stelle, wo die Entstehung des Menschen beschrieben wird: Zunächst waren da die Tiere, dann kam der Mensch und vereinigte die Tiere in sich. Wenn der Mensch alle Tiere in sich vereinigt hat, sodass alles harmonisch ist, dann ist der Mensch da.

Normalerweise ist uns ja das, was die Seele in sich hat als nichtgestaltete Figuration, zum Glück verborgen. Doch wenn das nach außen tritt, dann zeigt das eben eine komische Gestaltung vergleichbar der, die wir hier vor Augen haben.

19b I Francis Bacon, **Triptychon**, (mittlere Tafel), 1976

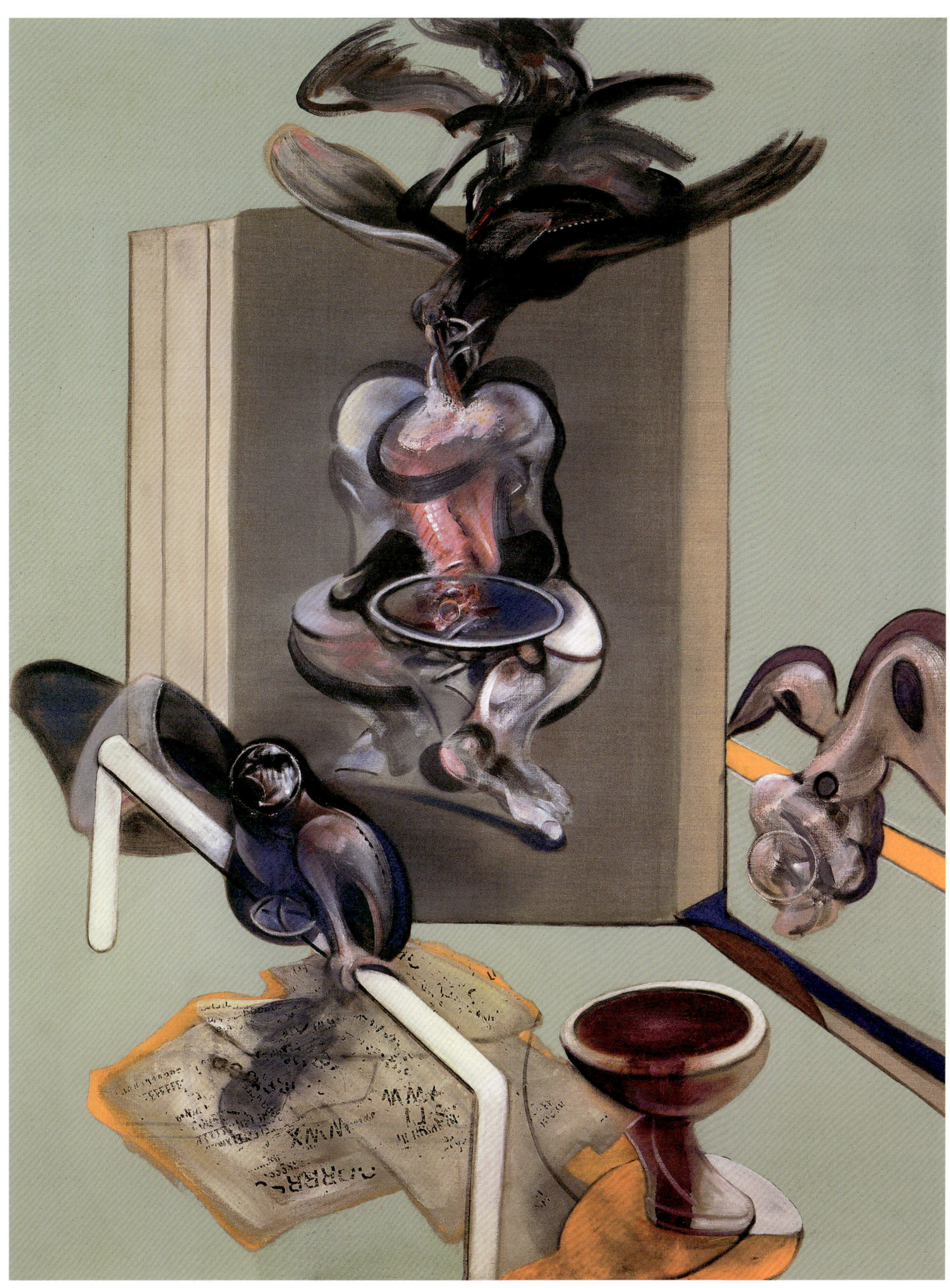

Auf dieser rechten Tafel taucht nun anstelle der Vögel wieder ein Porträt auf. Ob es sich hier um die gleiche Person handelt, bleibt ungewiss. Im Unterschied zu der ersten Tafel fehlen die stürzenden Ovale und es erscheint das Kinn des fahlen Kopfes deutlich verlängert. Auch hängt das graue Sakko hier nicht aus dem Bild heraus wie das schwarze Gewand in der ersten Tafel, sodass das fleischfarbene Gebilde davor nicht zwangsläufig als verkümmerter Unterkörper gesehen werden muss.

Von der Handtasche im ersten Bild ist hier nur das vielleicht zu einem Reißverschluss gehörige zitronengelbe Oval zu sehen. Auch hier liegen, wie in den beiden anderen Bildern, von oranger Farbe umrandete Zeitungen am Boden und ein rosa „Schatten" scheint uns, wie im ersten Bild, entgegen zu fließen.

In seinen Gesprächen hat Francis Bacon, der sich stets als Materialist und Nihilist verstanden hat, selbst darüber gestaunt und gesagt, dass wenn er etwas male, er nichts illustrieren wolle, sondern dass es ihm auf das „irrationale Moment" ankomme.[27] Er hat selber nicht so ganz gewusst, wie er mit der übersinnlichen – oder untersinnlichen – Schicht seiner Menschendarstellung umgehen soll. Denn diese ist hier nicht einfach als bildliche Illustration präsent, sondern im Einsatz der Bildmittel selbst, so wie wir das schon berührt haben.

19c I Francis Bacon, **Triptychon**, (rechte Tafel), 1976

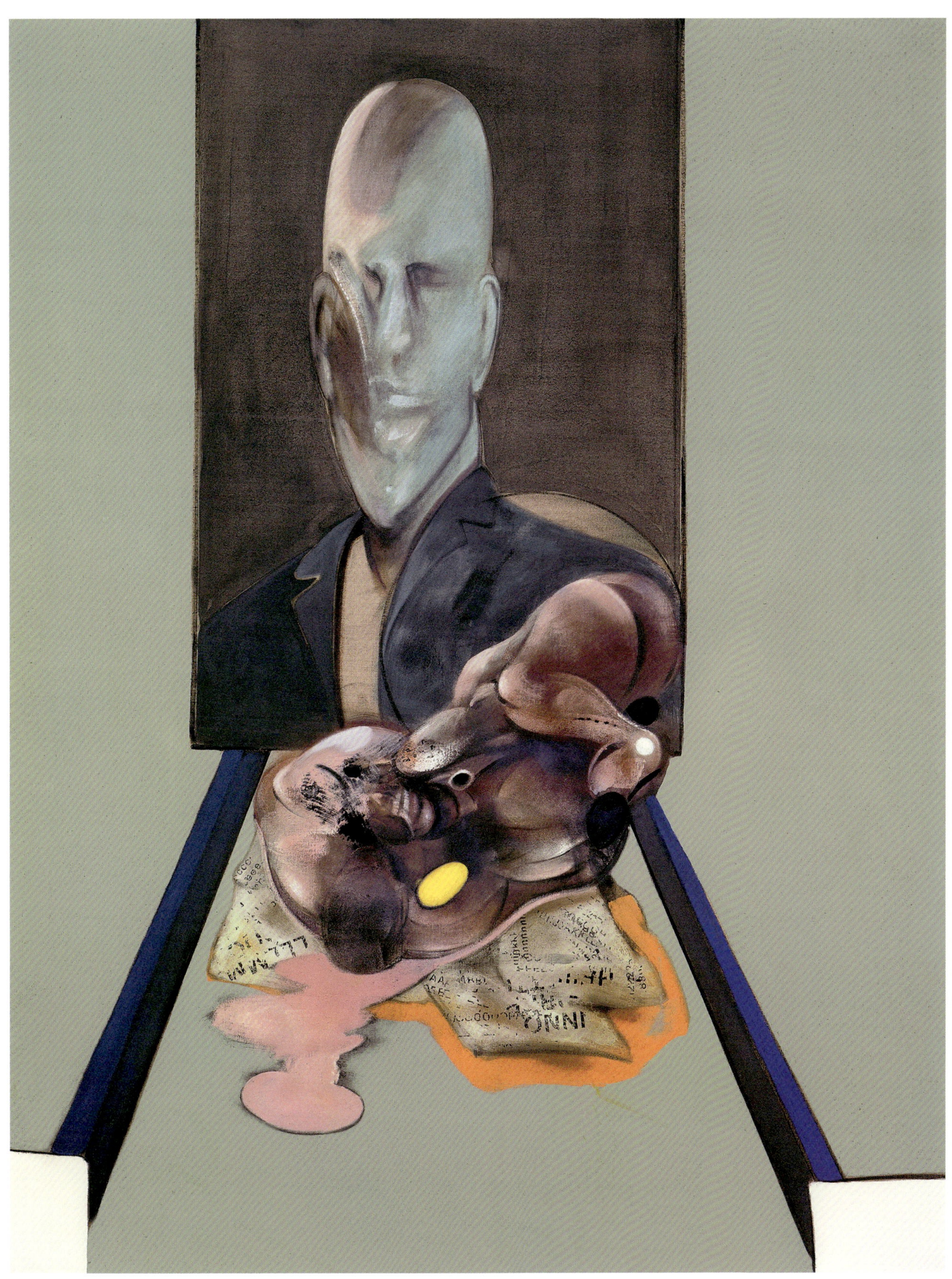

Ich möchte Ihnen hier nun wieder etwas Zeit geben, damit Sie sich ungestört auf dieses Selbstporträt einlassen können. Fällt Ihnen irgend etwas auf? „Das Gesicht zeigt eine Frontalansicht, die Nase ist aber zur Seite gebogen und auch der Mund ist nicht da, wo er zu vermuten wäre." „Auf mich macht das Gesicht einen stark dynamischen Eindruck und verändert sich bei längerem Anschauen. Zugleich bleiben die Augen starr auf mich gerichtet." „Mir fällt auf, dass ich Teile des Gesichts - wie etwa die Augen - sofort identifizieren kann, im unteren Bereich dagegen auf Dinge stoße, die ich begrifflich nicht einordnen kann."

Warum fassen wir eine solche Mehrdeutigkeit in der Regel nicht? Warum sehen wir das nicht? Wir haben sozusagen Angst vor dem Leben. Wir haben sogar mehr Angst vor dem Leben als vor dem Tod. Wenn wir beispielsweise auf der Autobahn fahren oder mit dem Flugzeug fliegen, hat keiner Angst vor dem Tod, obwohl wir da immer ganz dicht dran sind. Aber ein Lebensprozess, der überwältigt uns, das halten wir nicht aus. Damit meine ich diejenigen Kräfte, die in uns wirken, die aufbauenden und abbauenden Kräfte. Das Wachsen und Gedeihen oder die seelischen Kräfte unmittelbar.

Wenn wir uns nicht ganz verbohren in unsere mitgebrachten Geschmacksurteile, unsere Sympathien und Antipathien und versuchen, diese Werke unbefangen anzuschauen, dann können wir uns von Francis Bacon etwas sagen lassen über seine Bilder: „Wir leben fast ständig hinter Schutzschirmen – als abgeschirmte Existenz. Ich denke manchmal, wenn Leute sagen, mein Werk sei gewalttätig, könnte es mir vielleicht gelungen sein, ab und zu einen oder zwei der Schleier oder Schutzschirme wegzunehmen."[28] Und insofern hat man hier durchaus den Eindruck, als ob hier der eine oder andere Schutzschirm weggelassen wurde. Sozusagen die geschlossene Leiblichkeit zugunsten des Wahrnehmens der Lebenskräfte und zugunsten des Wahrnehmens einer unmittelbaren Einsicht in die expressive Wirkung von Farbe und Form, zugunsten einer seelischen Ausdruckshaftigkeit. Als ob Schleier weggerissen werden.

Das Wort „Entschleierung" und „Enthüllung" heißt auf Griechisch bekanntlich Apokalypse (apokalypsis) und meint eine Art Hautlosigkeit im Sinne des Wegnehmens der Schutzschilde, die wir sonst zwischen uns aufbauen. Hier haben wir sie unmittelbar vor uns.

20 I Francis Bacon, **Selbstbildnis**, 1969

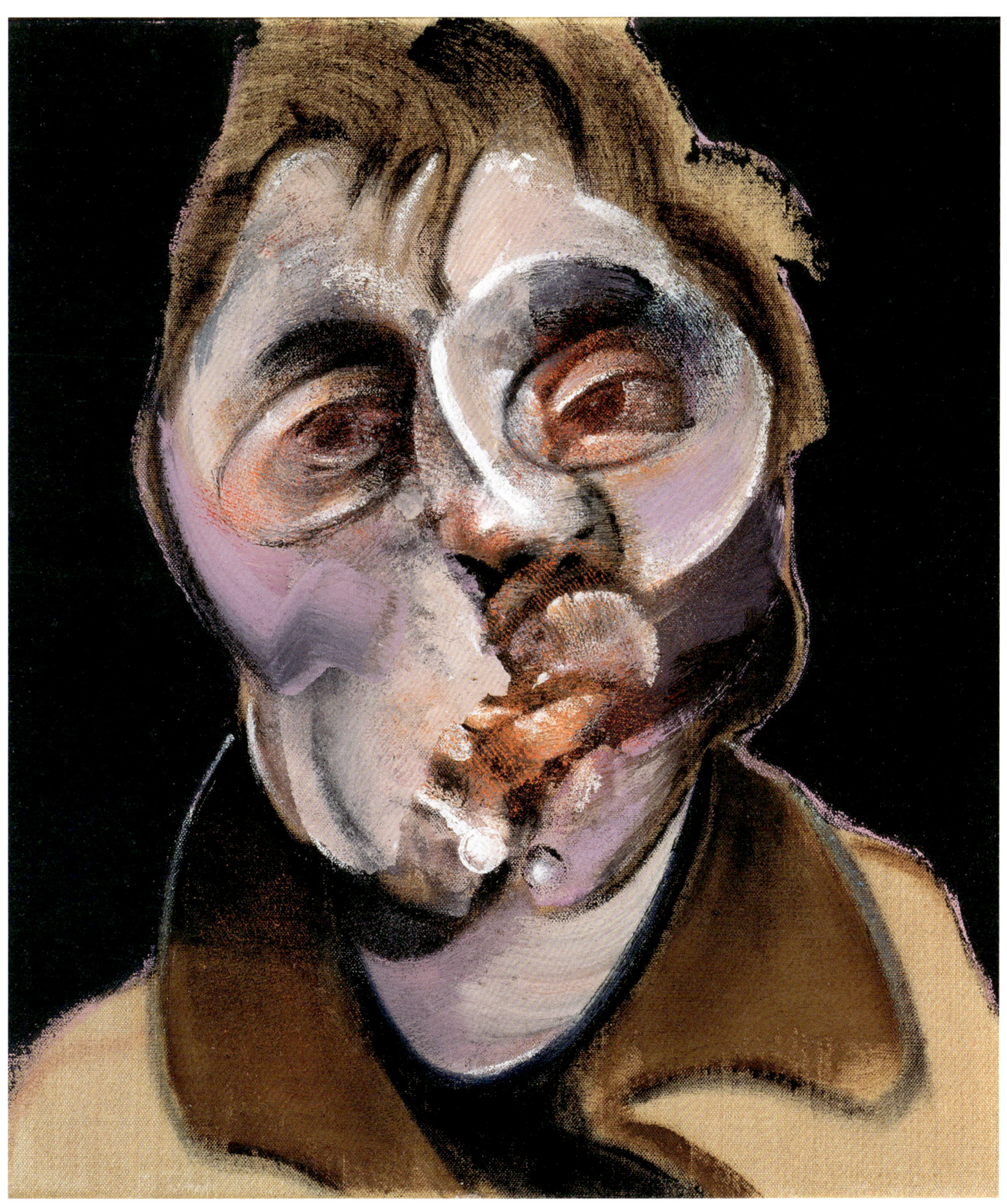

Hier nun drei Gebilde, die als eine Art Realsymbol gesehen werden können für das ganze Bestreben dieses Künstlers. Sie gehören zu den letzten vollendeten Werken seines Lebens.

Im linken und rechten Gemälde wieder das deutliche Gesicht in dem Rechteck. Die ungestalteten, rudimentären leiblichen Strukturen, der nahezu organische Schatten, das Heraus- oder Hereintreten in die Grenze, das Abgeschnittenwerden, ein Blick von innen nach außen und von außen nach innen. Woher blickt der Kopf, der aus dem Rechteck blickt? Woher blicken wir, wenn wir diese Gemälde anschauen? Menschlichkeit auf der äußersten Grenze – zwischen Raum und Nicht-Raum eingetragen fast wie Chiffren des Menschen, sehr körperliche Chiffren.[29]

Von hier aus möchte ich mit Ihnen gerne noch einen Blick auf das Werk eines anderen Künstlers werfen: Cy Twombly.

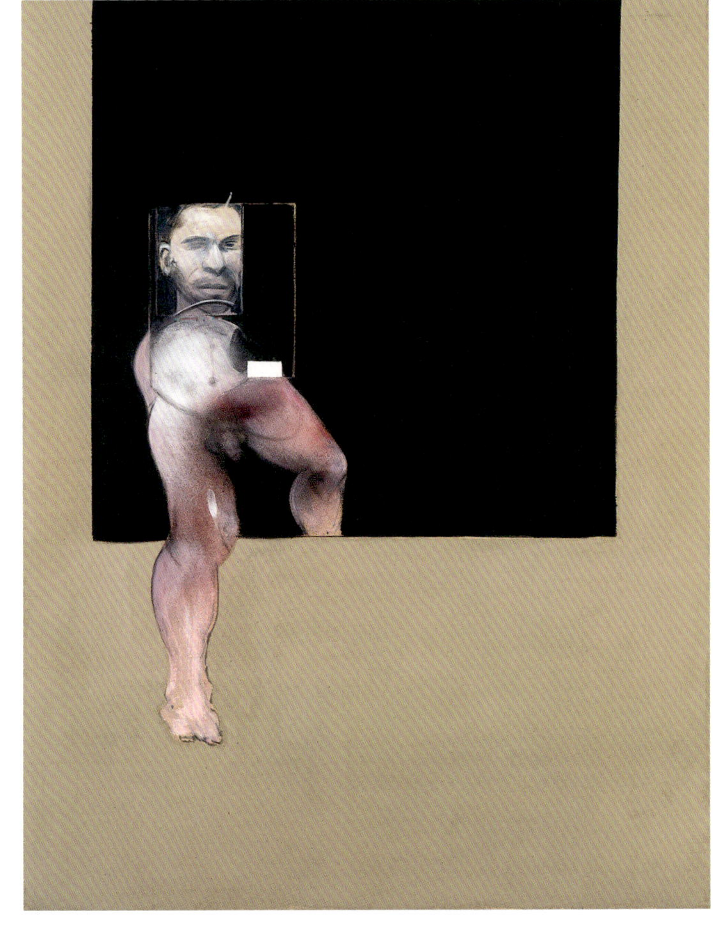

21 | Francis Bacon, **Triptychon**, 1991

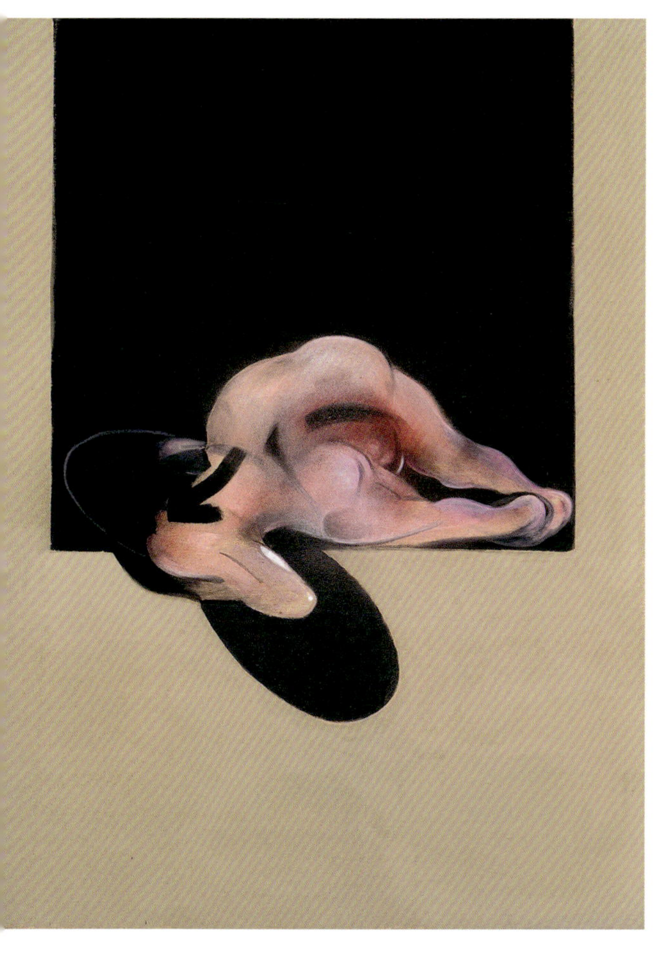

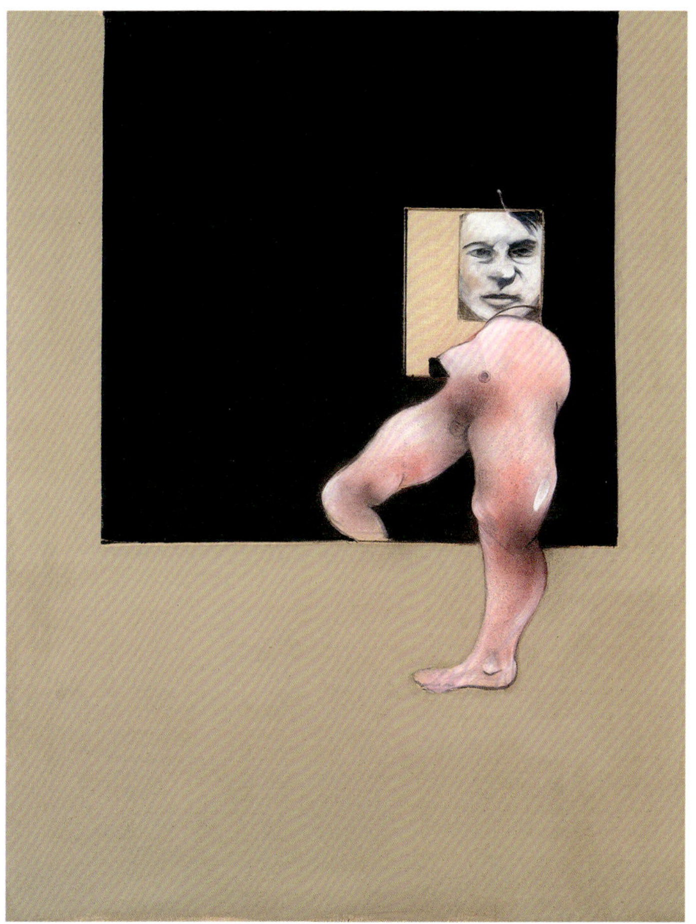

„Meine Linie ist kindlich, aber nicht kindisch. (...)
um diese Qualität zu bekommen,
musst du dich selbst in die Linie des Kindes projizieren.
Es muss gefühlt werden."[30]

Cy Twombly

22 I Cy Twombly, **Selbstporträt**, 1947

Roma Nov 24 / 1963

(Cy Twombly)

Vielleicht fällt Ihnen auf, dass das etwas ziemlich anderes ist – und es ist ja auch immer wieder schön, dass nicht alle das Gleiche malen. Und wie problematisch das eine ist, so unproblematisch scheint ja das andere. Vielleicht entsteht jetzt bei Ihnen auch diese wunderbare Stimmung: „Wenn das Kunst ist, kann ich das auch.“ Also eine Stimmung, durch die man nicht in Distanz gerät.

Sehr vielsagend sind die Kreidestriche auf den ersten Blick nicht. Ein grau-schwarzes, an eine Tafel erinnerndes Feld mit hellgrauen, ins Bläulich-Violette übergehenden Wischspuren. Davor und dahinter sind Kreidestriche zu sehen. Vielleicht rühren die Wischspuren von einer Lavierung dieser Kreidestriche her. Im oberen Teil sind in Schleifen gemalte Linien – ein Rapport von nahezu gleichen Elementen. Aber wenn man sagen will, es handele sich um Schleifen, dann fällt zugleich auf: nur links oben lässt sich vielleicht von einer geschlossenen Acht sprechen.

Die Schleifen gehen gerade so als Schleifen durch, aber das Prinzip, das man hier fassen will, wird so wenig eingehalten, dass man eigentlich auch nicht berechtigt ist, von einem Prinzip zu sprechen. Es deutet sich etwas an, aber das wird nicht durchgezogen, es bleibt offen, es wirkt spielerisch, wie beiläufig gezeichnet und erscheint auch nicht sehr gerichtet. Und wenn man nicht gezwungen wäre, das fortlaufend anzuschauen, würde man vielleicht sogar relativ schmerzlos daran vorbeikommen. So aber kommt etwas in das Bild, was sich bildnerisch kaum fassen lässt: die unperfekte Flüchtigkeit bringt etwas Unverfügbares zur Sprache, das als Ausdruckswert mitschwingt, ohne selbst bezeichnet werden zu können.

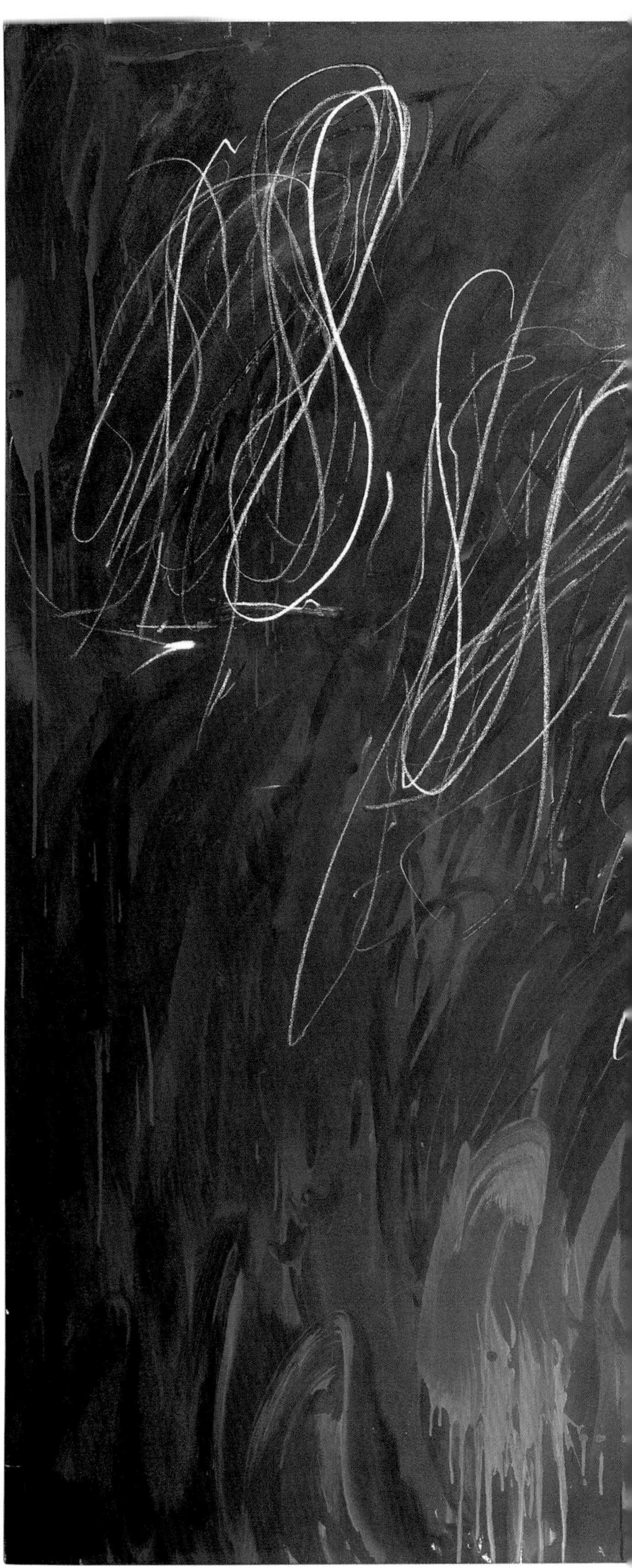

23 | Cy Twombly, **ohne Titel**, 1968 [New York City]

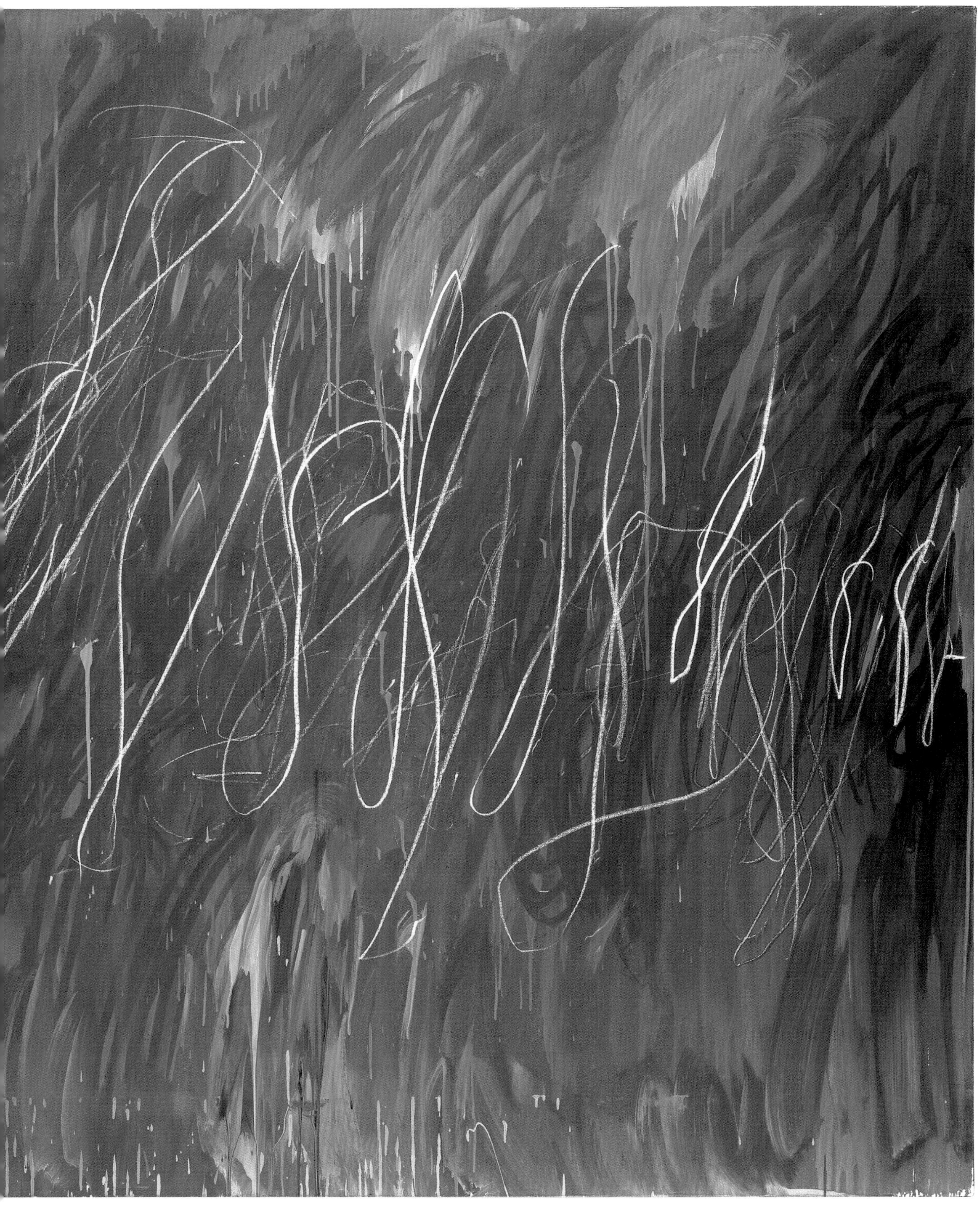

Bei einem solchen Gebilde erscheint das zuvor beschriebene (Nicht-)Prinzip noch verstärkt, als ob auf einem Hintergrund, der schon aus vielen Strichen bestand, immer weiter gemalt worden wäre, aber auch mit dem Neuaufgetragenen das Alte wiederum halb verwischt wurde. So kann der Eindruck entstehen: Es gibt eine ältere Schicht und darüber immer neue Schichten und zu sehen bekommt man immer die jüngste Aktualisierung. Ein Rapport wie eine müde werdende Linie, die da einfach etwas abzeichnet, eine Spur, aber dann doch auch bewegte, runde, knäuelartige Strukturen gegenüber nahezu senkrechten Setzungen, die in ihrer Stärke und Deutlichkeit mal wie vorne, mal wie hinten, mal durchgehend, mal gebrochen, mal lebendig, mal tot, strukturiert, senkrecht – aber nicht nur senkrecht – parallel erscheinen und von einer mehr schrägen Schraffur durchbrochen werden.

Ich bitte Sie mal durch diese Strukturen mit den Augen durchzugehen, durch die sich bündelnde Zone in der oberen Mitte, wo diese Figuration sich verdichtet, und dann so ein bisschen herumzusuchen.

Erkennen Sie irgendetwas? Ich suche jetzt mal für Sie. Ist das hier am rechten Rand in der Mitte eine Acht? Und jetzt könnte man eben das schöne Spiel beginnen, dass da keine Acht zu fassen ist und trotzdem lauter Achten veranlagt sind, Zeichen, die dem Griechischen Gamma (γ) ähnlich sehen, was die Assoziation an Zahlen und Buchstaben aufbringt. Wenn Sie weitersuchen, kommen lauter Zahlen zum Vorschein. Die Einschreibungen wirken zunächst exakt, weil man fast etwas erkennt. So können Sie beim Betrachten in eine Art subkutane Erwartung kommen, in eine Stimmung, aus der heraus Sie sich sagen: Vielleicht könnte die Kritzelei ja doch etwas bedeuten, was ja sehr beruhigend wäre.

Beim nächsten Bild möchte ich Ihnen etwas Zeit lassen für das Anschauen, bevor wir uns darüber verständigen.

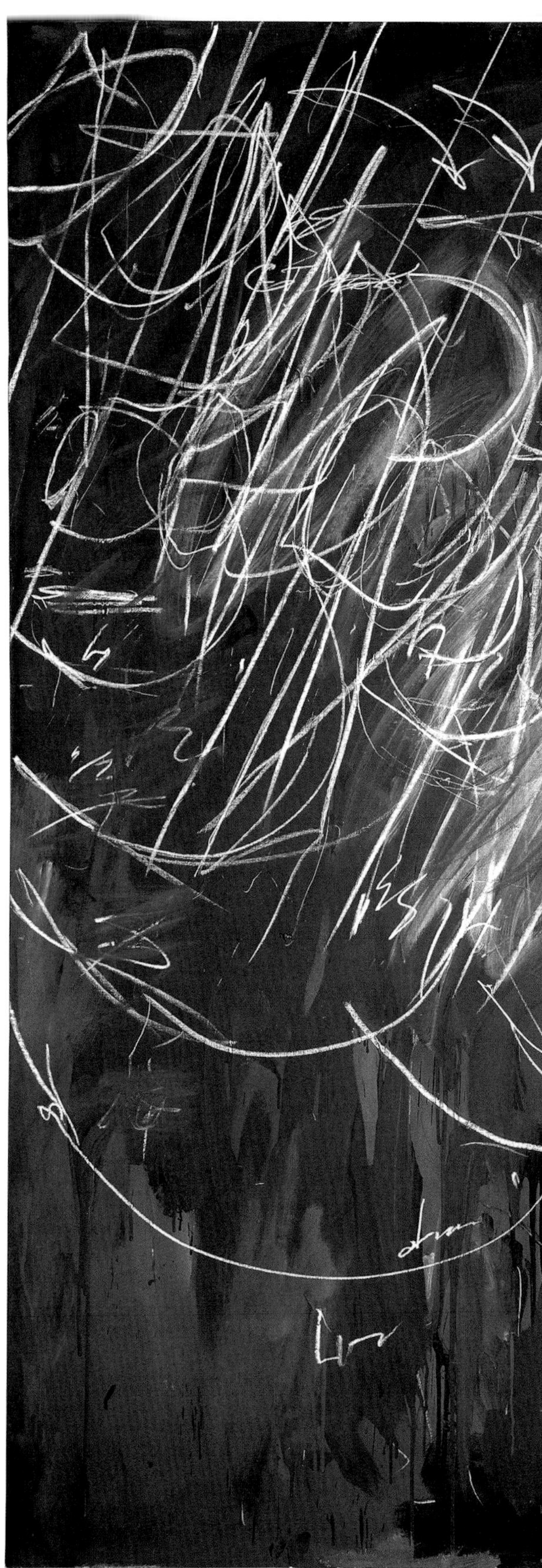

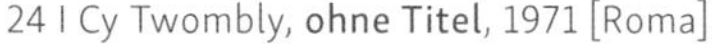

24 | Cy Twombly, **ohne Titel**, 1971 [Roma]

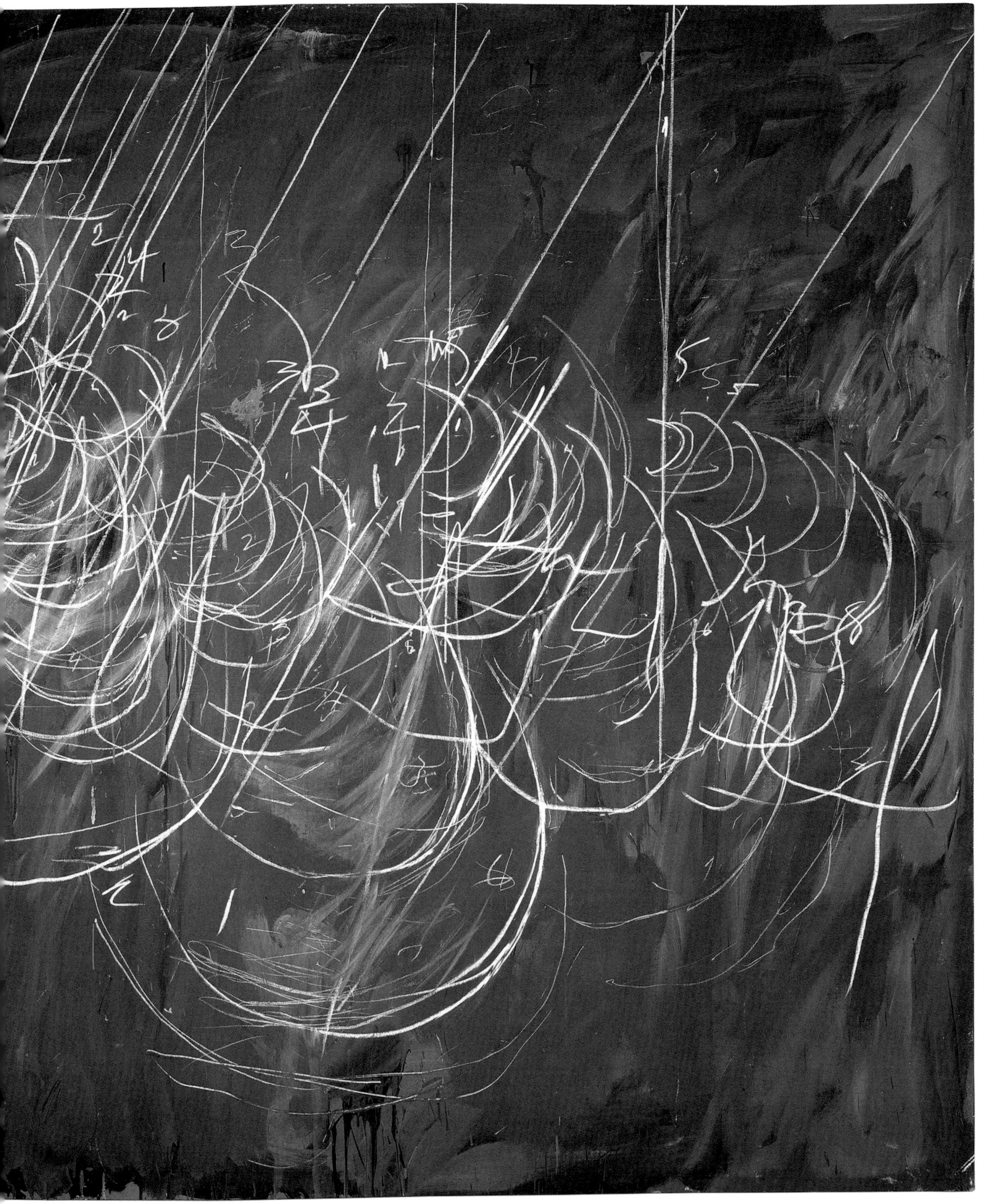

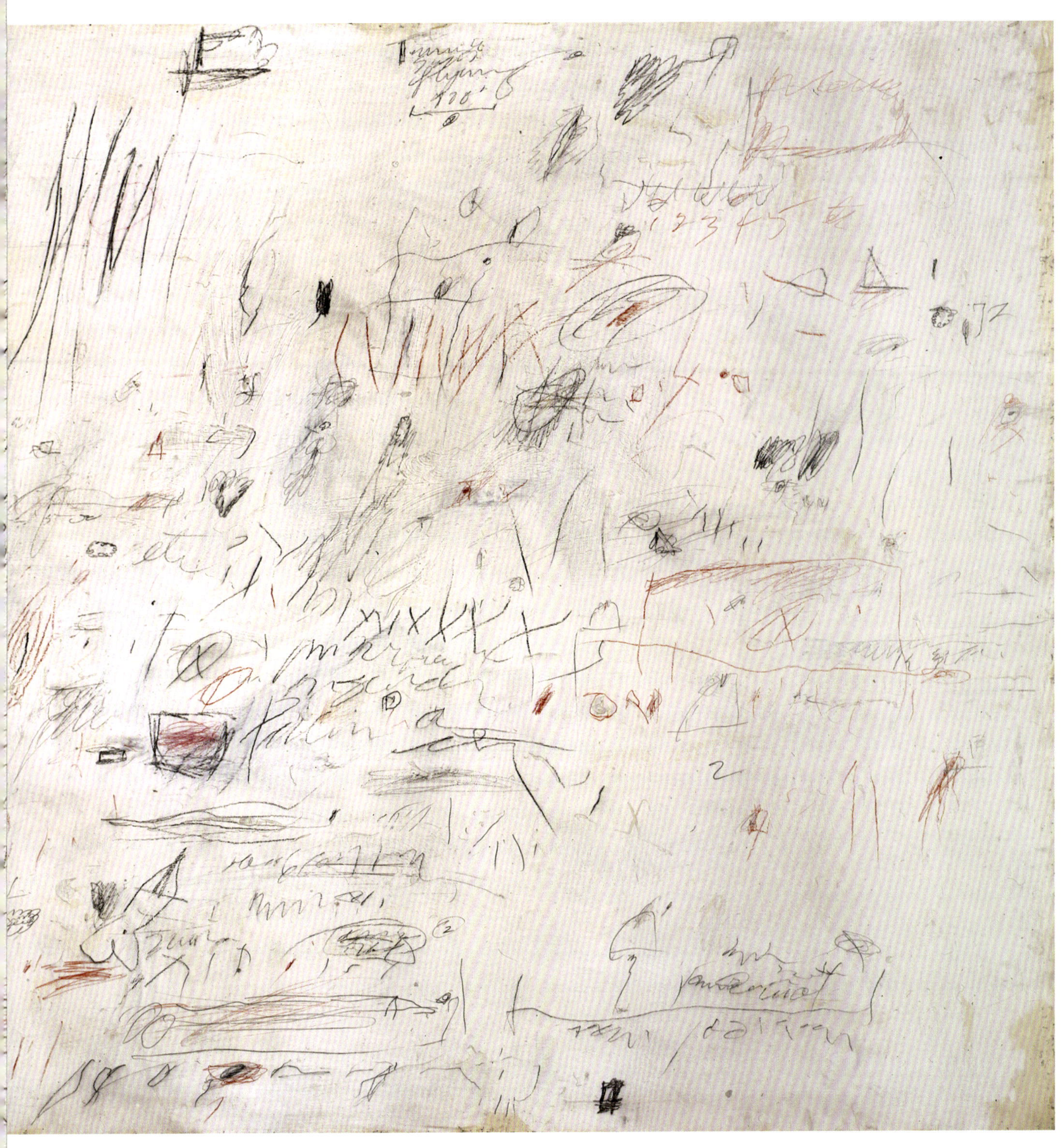

Auch bei diesem Bild kann ich jetzt nur kurz andeuten, was vielleicht passiert, wenn man Twomblys Malerei begegnet. Dieses Bild ist wie eine Wand, und wenn man nicht genau hinguckt, könnte es wirken, als sei das irgendwo am Bahnhof zu finden: ein gekritzeltes Graffiti. Einzelne Striche sieht man, einzelne Gestaltungen, aber auch einen an manchen Stellen bläulichen Bildgrund. Wir sehen ein paar Rotsetzungen wie mit Rötelstift notiert, dann Bleistiftstriche und Spuren eines Kugelschreibers. Es sieht stellenweise aus wie eine beiläufig hingeworfene Telefonkritzelei, die sporadisch wie nebenbei entsteht, ohne erkennbaren Plan oder erkennbare Struktur.

Was würden Sie zum Beispiel sagen, was das in der rechten oberen Ecke des Bildes neben dem „X" ist? Die Ziffer „2"? Und daneben? Eine kleinere Ziffer „2"? Oder ein Fragezeichen ohne Punkt darunter? Dann vielleicht eine „4" oder eine „3". Aber das ist nicht sicher. An anderen Stellen wurde etwas geschrieben, aber man kann es nicht lesen, weil eine Schicht Deckweiß darübergelegt ist. Links oben ist etwas angedeutet, aber was soll das sein? Ist das die Skizze eines Tisches?

Entschuldigen Sie, es wird banal: Sie werden kein Gebilde finden, das Sie eindeutig identifizieren können als Ziffer oder Buchstabe oder Skizze eines bestimmten Gegenstandes, aber selbst wenn Sie

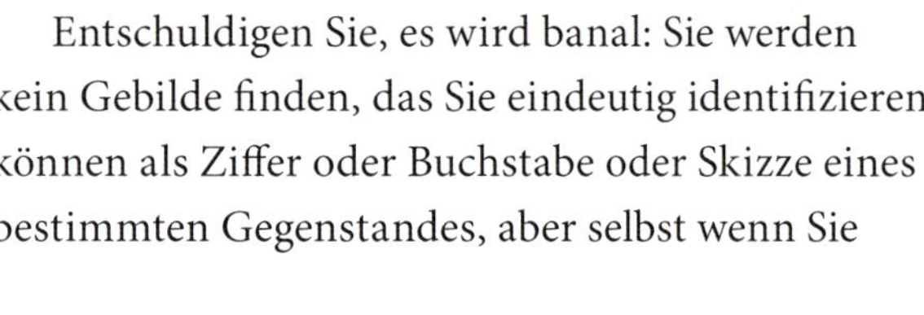

26 I Cy Twombly, **ohne Titel**, 1969 [Bolsena]

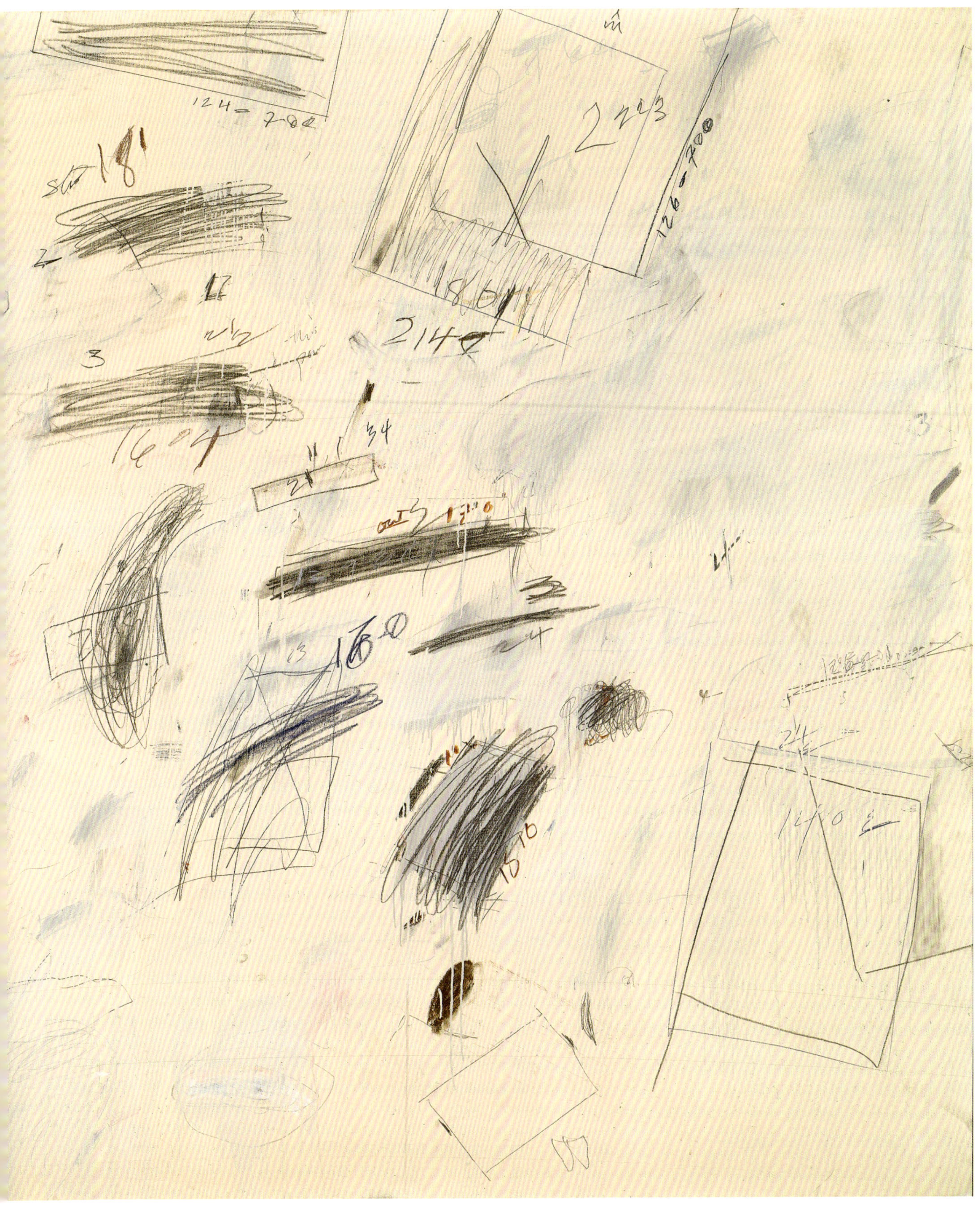

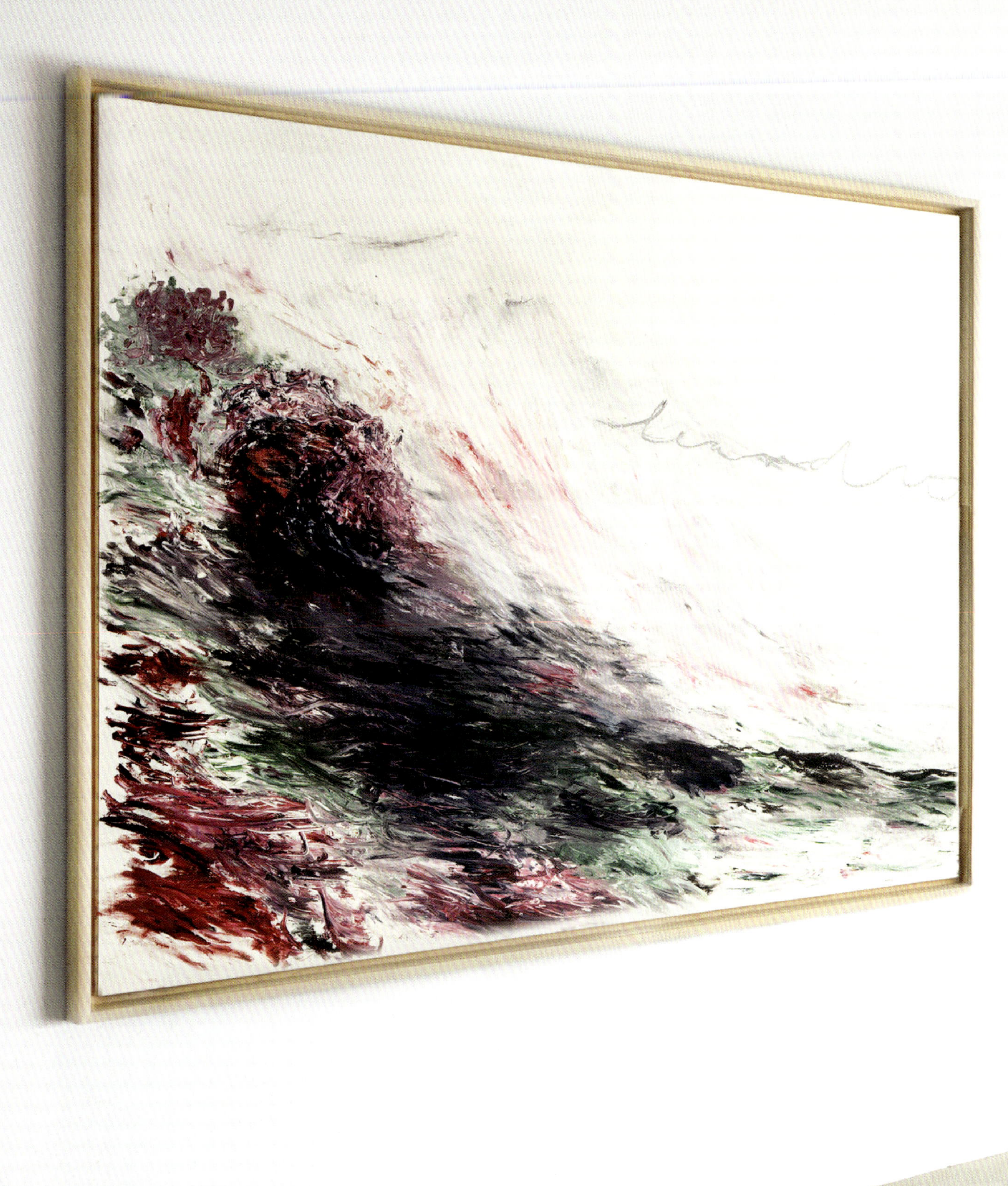

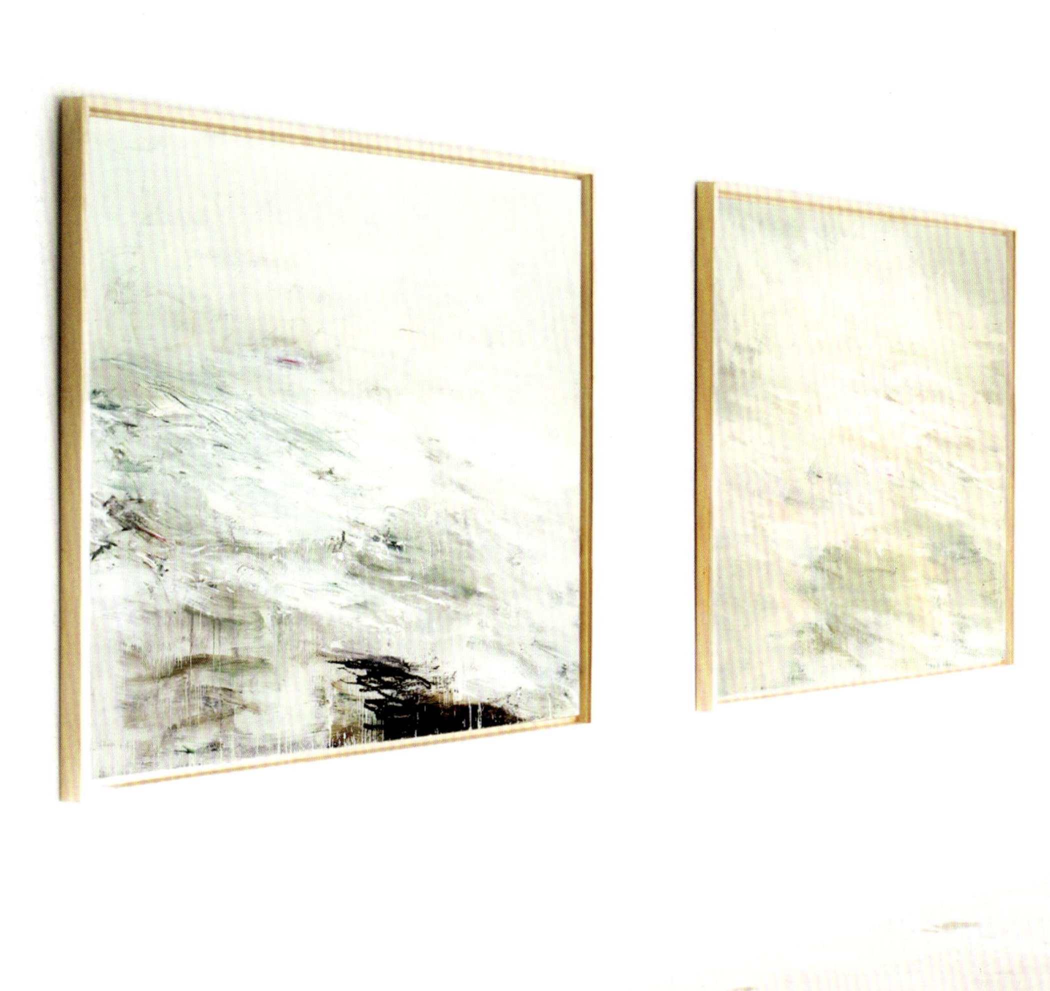

28 | Blick auf Cy Twomblys Werk: **Hero und Leandro**, 1981–1984 [Bassano in Teverina]
in der Ausstellung: *Wasser* in der Pulitzer Arts Foundation, St. Louis (Juli 2007 – Januar 2008), Foto (Ausschnitt): Robert Pettus

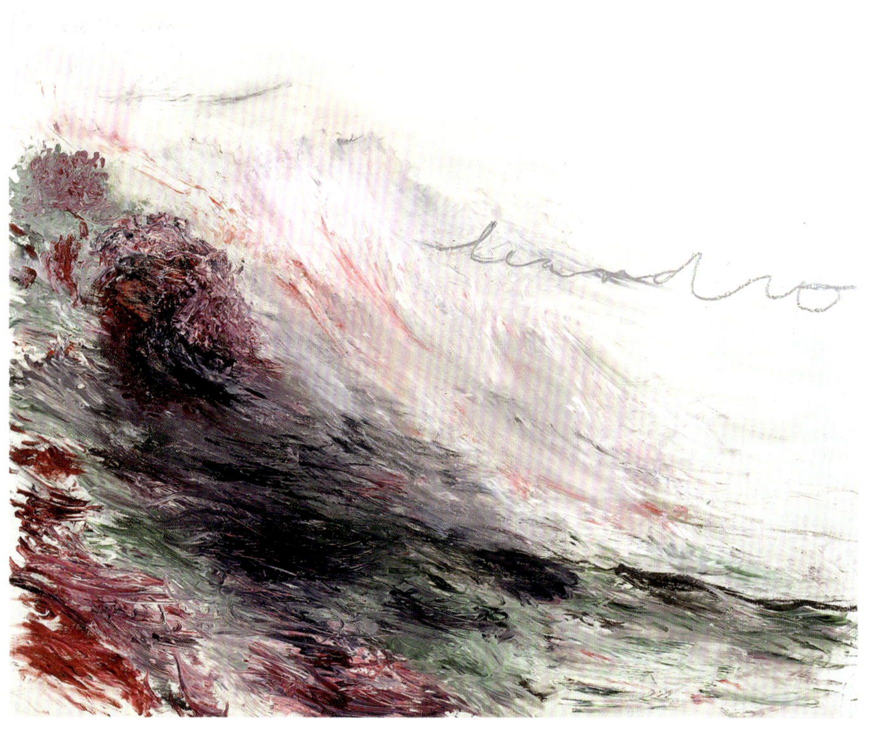

A

B

In diesem Sinn möchte ich hier noch zuletzt ein dreiteiliges Bild zeigen. Im linken Bild (A) sehen wir eine dunkle, feste Struktur, sie geht dann in Rosa, in Weiß über. Sie können vielleicht das Wort „Leondro" entziffern, vielleicht auch nicht.

Im nächsten Bild (B) kann es wirken, als würde der Blick in einen Fluss gelenkt, in dem noch einzelne feste Strukturen vorhanden sind. Im dritten Bild (C) haben wir ein Gebilde vor Augen, das nur noch den Blick leitet im flüssigen Übergang. Man fühlt sich sehr erinnert an die Bilder vom späten Monet[33], aber das ist noch weiter weg von jeder Mimesis.

Wenn Sie das dritte Bild (C) für sich alleine nehmen und es länger betrachten, gibt es für das Auge gar keinen Anhalt mehr, nur weichen Fluss, und dieser Fluss wird unterbrochen von dem fließenden und dann aufgetrockneten Pigment, sodass der Blick nicht so richtig durchströmen kann, aber zugleich ist alles – ob nun in der Bildfläche nach unten oder nach den Seiten hin – beweglich und ohne Anhalt. Man kann dazu nicht Welle sagen, man kann jedoch auch nicht nur Farbe sagen.

Es ist hier also eine Stufenfolge gegeben: das linke Bild, wo eine Struktur fassbar wird, das mittlere Bild, wo alles in den Fluss kommt und das rechte Bild, wo sich alle Strukturen auflösen.

Wenn Sie nun die drei Bilder nebeneinander vor Augen haben, dann macht der Betrachter das – und das ist jetzt natürlich die Keule, die geschwungen wird, nehmen Sie es mir nicht übel –, macht der Betrachter das, was Friedrich Schiller beschrieben hat als Ursituation des Schönen: der Blick geht vom festen Gebilde zu dem mittleren ins rechte und wieder zurück. Dabei ist das mittlere Bild zwischen Flüssigem und Festem angesiedelt.

Hier entsteht der eigentlich plastische, lebendige Zustand zwischen Gestalt und Fluss. Es sind hier die drei Prozessqualitäten wie auseinandergelegt: einmal mehr das Feste, das sich auflöst und nirgends ganz fest wird, dann eine mittlere Struktur, anschlie-

C

ßend jene, wo alles im Fluss ist. Entscheidend ist nun das Erfahren der Übergänge, des Wechsels von der Qualität in die Qualitäten, vom Festen ins Bewegliche und dann ins Flüssige und wieder zurück. Das alles ermöglicht Übergangserfahrungen von Ding zu Ding – nicht wie bei Bacon Bereichserfahrung sozusagen von Schutzschild zu Schutzschild, die durchbrochen werden durch Einblick, durch Einfühlung, durch Spiegelung, durch Expression. Bei diesen Bildern kann man den Eindruck haben, dass immer eins abwesend ist, indem das andere anwesend wird, aber nach und nach in diesen Erinnerungsstrukturen in dem Schon-und-noch-Nicht werden Anwesenheit und Abwesenheit eigentlich ununterscheidbar und gehen ein in eine Art Gesamtprozess, in dem der Mensch sich in die Lebenszone hereingehoben fühlen kann, wo etwas zu entstehen beginnt, ohne bereits vorhanden zu sein.

„Da sich das Gemüt bei Anschauung des Schönen in einer glücklichen Mitte zwischen dem Gesetz und Bedürfnis befindet, so ist es eben darum, weil es sich zwischen beiden teilt, dem Zwange sowohl des einen als des andern entzogen.“[34]

Friedrich Schiller

28a | Cy Twombly **Hero und Leandro** (Bassano in Teverina), 1981–1984

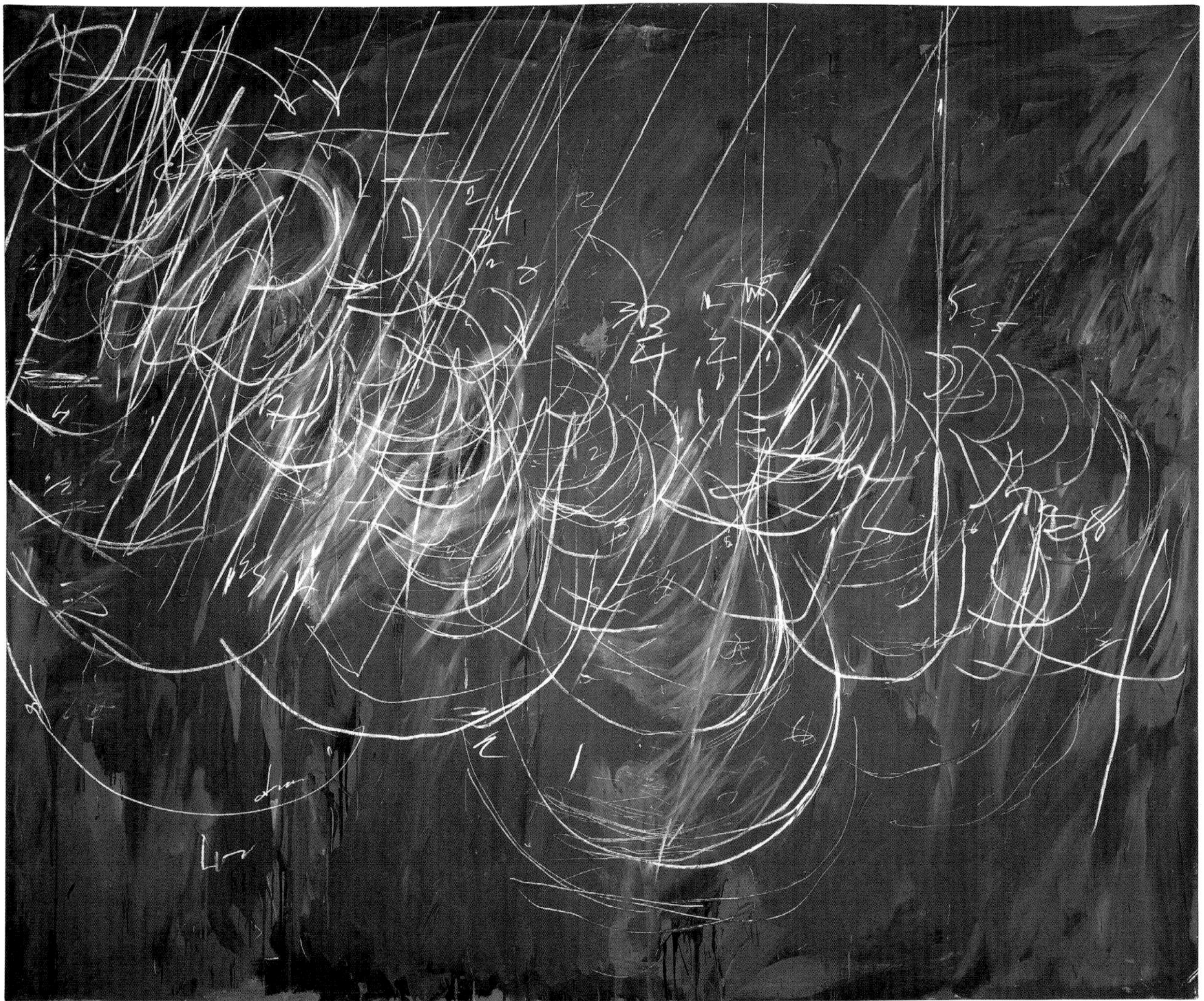

Ein Wort zum Schluss: Wir haben in wohlgeübter abendländischer Ästhetik das Schöne immer dort aufgesucht, wo ein Ding aus sich heraus gestaltet in stimmigen Proportionen begegnet. Die Vollständigkeit eines Gewordenen in seiner edlen Abgeschlossenheit als gewordene Struktur, das erwarten wir als Erfüllung von Schönheit, doch dies hat sich aufgelöst im 20. Jahrhundert. So stehen wir vor einer ganz realen Frage, einer persönlichen Entscheidung, schön nicht nur das zu nennen, was geworden ist, sondern schön zu nennen, was in den Vorgängen der Realerfahrung an den Grenzen des Sinnlichen sich selber seiner Wesenhaftigkeit nach offenbart, was sich selber zeigt; was schön ist, indem es als es selbst erscheint.

Und insofern kann man diese Bereichsüberschreitungen in den Werken Francis Bacons und Prozessüberschreitungen in der Malerei Cy Twomblys nach altem Ermessen nicht schön nennen, aber in einer neuen Struktur, wo das Hervortreten selbst der wesentliche Prozess wird, erscheint etwas, was sich als sich selber offenbart. Das sind die neuen Kategorien des Schönen.

Ich danke herzlich für Ihre offene Geduld.

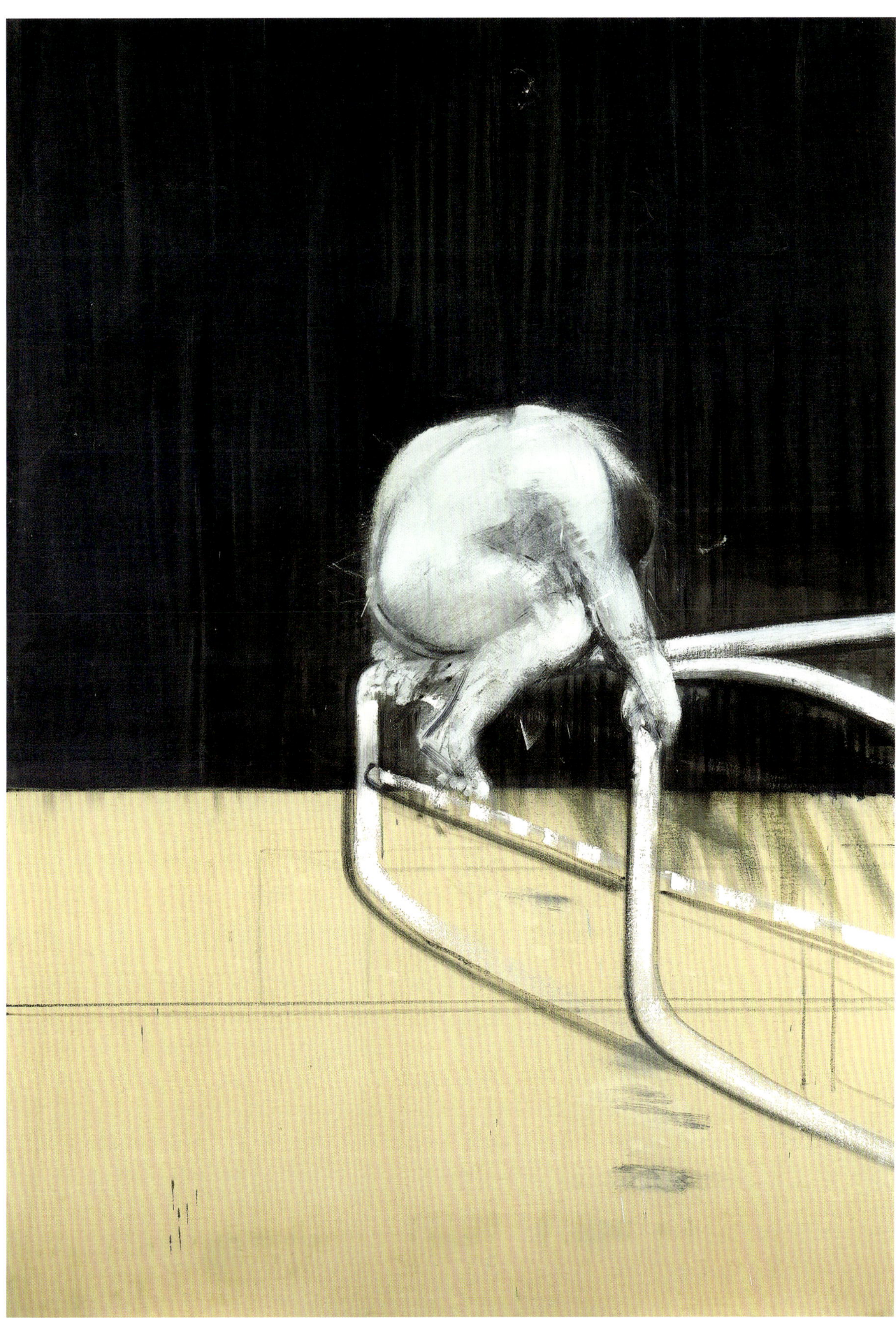

IM ANTLITZ DER REALITÄT – EINE WEGBESCHREIBUNG

Ich folge meinem Kommilitonen Jannis Keuerleber durch das Museum Ludwig in Köln, während wir uns einander vorstellen und über das Seminar „KUNST SEHEN" plaudern, das wir beide besuchen und für das wir nun unterwegs sind. Plötzlich sehen wir Bacons Bild vor uns an der Wand hängen. Ein Tier, so groß wie ein Ochse, scheint darin in der Mitte aufgeteilt und aufgehängt zu sein – nur das Fleisch dieses großen Tieres ist zu sehen. Das Gemälde ist riesig und farbintensiv.[35] *Im ersten Moment schrecke ich vor dem Anblick zurück, doch eine geheimnisvolle Anziehungskraft lässt mich weiter hinschauen.*

Bacon findet seine Werke nicht hässlich oder brutal, sondern real.[36] Der Künstler bietet mit seinen Bildern die Gelegenheit, sich der ungeschminkten, „hautlosen" Realität zu stellen, sich mit der unkaschierten Wirklichkeit zu konfrontieren. Ich werde in das Bild förmlich hineingezogen, es reißt mich in eine Gegenwart, vor der ich einerseits zurückschrecke, andererseits bindet es meinen Blick an sein Werk. Bacon merkt zur Wirkung seiner Werke an: „Das Geheimnis liegt in der Irrationalität, durch die man etwas in Erscheinung treten lässt; fehlt das irrationale Moment bleibt es reine Illustration."[37]

Mein Zeitgefühl beginnt zu schwinden. Es vergehen Minuten, vielleicht auch Stunden, zwischendurch kommt eine Frau und fragt, was wir an diesem Bild so faszinierend fänden. Wir verweisen Sie auf das, was wir tun: sehen. Ich erlebe, wie die Kunst meine Sinne zu schärfen beginnt. Nun geht es zum zweiten Bild, das wir uns für diesen Museumsbesuch vorgenommen haben. Es stammt von Cy Twombly und ist ebenso riesig wie das Erste, aber von ganz anderer Art.[38] *Keine Anziehungskraft, sondern reine Neugier treibt uns ganz nah an das Bild, bis unsere Nasenspitzen zum Leidwesen der Museumsaufseherin beunruhigend nah an das Gemälde heranrücken. Vor dem Werk stehend wird mir bewusst, dass es wie ein großes Stück Kritzelpapier aussieht, auf dem sich Kaffee-Flecken befinden und Buntstifte ausprobiert wurden. Ich bleibe bei diesem Urteil nicht stehen und lasse mich auf das für mich so ungewöhnliche Bild ein. Wir betrachten in Stille, diskutieren und betrachten wieder. Und erneut verändert sich das Bild direkt vor meinen Augen. Mal nehme ich die Hintergrundfarben in ihrer wellenhaften Dynamik wahr und mal entdecke ich für den Bruchteil einer Sekunde einen Sinn hinter einer feinen Linie. Ich beginne die Details des Werkes mit meinen Augen abzutasten und später das Bild immer mehr in seiner Gänze wahrzunehmen.*

Im Vergleich zu Bacon bekam ich bei Twomblys Werken auf eine stille Art beigebracht, wie viel Dynamik durch eine Linie übermittelt werden kann. Durch die auf den ersten Blick so unscheinbar wirkenden Gestaltungen in seinem Bild gelang es ihm, meine Wahrnehmung so anzuregen, dass sie wie ein Ballkleid über den Parkettboden zu fliegen schien. Sein Bild wurde zu einem Phänomen für mich, von dem ich nachhaltig begeistert bin. Mir wurde bewusst, auf welche Schwierigkeiten Bockemühl bezüglich der Sprache stieß, erging es mir doch selbst so vor den Bildern.

Die Vorlesung von Professor Bockemühl hat mir die Augen geöffnet und mir gezeigt, dass Kunst für die Sinne da ist und angeschaut werden will. Dass es dafür einen Betrachter, eine Betrachterin braucht, die bereit ist, sich auf das Kunstwerk einzulassen, wurde mir im Museum unmittelbar evident. Zudem erlebte ich, wie durch ein näheres Eingehen auf ein Bild und einen dadurch angeregten Dialog Gedanken entstehen können, die im Wahrnehmen gründen, die mit dem Sinneseindruck verbunden bleiben und dadurch eine eigene Kraft entfalten können.

Wie ich noch heute fasziniert feststelle, hatte der Dialog im Museum an diesem Tag eine kräftigende Wirkung auf mich: Dialog unter Seminarteilnehmer:innen, unter Museumsbesucher:innen und der Dialog jedes Einzelnen von uns mit den beiden so unterschiedlichen Kunstwerken.

So verlassen Jannis und ich beschwingt das Museum Ludwig. Auf meiner Heimreise stelle ich fest, wie froh ich bin, mich auf eine Reise mit Bockemühl als Reiseführer in die Welt von Bacon und Twombly begeben zu haben. Für die Kürze eines Museumsbesuchs blitzte vor meinem inneren Auge ein Funken Realität auf, an den ich mich dankbar zurückerinnere. Obwohl Bockemühl in seiner Vorlesung bemerkt, dass er in Bezug auf Bacons und Twomblys Werke mehr stammeln werde, da es keine geeignete Wortwahl gebe, so haben mich seine Worte doch ermutigt, einen eigenen furchtlosen Zugang zu Bildern zu finden. Wie das genau passieren konnte fällt mir schwer zu beschreiben. Am besten sehen Sie selbst.

Maria Polonidou

„Das Geheimnis liegt in der Irrationalität, durch die man etwas in Erscheinung treten lässt; fehlt das irrationale Moment bleibt es reine Illustration."

Francis Bacon

FRANCIS BACON

1909
Francis Bacon wird als Sohn von Edward Anthony Mortimer Bacon, einem späten Nachfahren des elisabethanischen Staatsmannes und Philosophen Sir Francis Bacon und Christina Winifred Firth am 28. Oktober in Dublin geboren. Sein Vater arbeitet als Zureiter und Trainer von Rennpferden.

1925
Wegen seiner Homosexualität wird Bacon von seinem Vater aus dem Haus geworfen. Er zieht nach London und lebt vorübergehend in Berlin und Paris. Eine Picasso-Ausstellung in der Pariser Galerie *Paul Rosenberg* weckt Bacons Interesse für die Malerei. Er beginnt zu zeichnen und zu aquarellieren und verdient sich seinen Lebensunterhalt als Möbeldesigner.

1927 – 1928
Übersiedlung für drei Monate nach Chantilly und Paris. Bacon befasst sich mit Werken von Fernand Léger, Max Ernst, Giorgio de Chirico und Pablo Picasso, dessen Gemälde er sehr schätzt.

1930
Nachdem seine Ausstellungen erfolglos bleiben, nimmt er seine Tätigkeit als Möbeldesigner wieder auf. Mit Gelegenheitsarbeiten verdient er seinen Lebensunterhalt.

1936
Bacon will einige frühe Arbeiten auf einer internationalen Surrealisten-Ausstellung in den *New Burlington Galleries* zeigen. Seine Teilnahme wird jedoch mit der Begründung abgelehnt, die Werke seien nicht surrealistisch genug.

1941 – 1942
Der Künstler wird zum Zivilschutz einberufen. Ein Jahr später kehrt er nach London zurück und vernichtet seine bisher entstandenen Werke fast vollständig.

1944 – 1945
Bacon wendet sich wieder bewusst der Malerei zu. Es entsteht das Triptychon *Drei Studien zu Figuren am Fuße einer Kreuzigung*, das in der Lefevre Gallery gezeigt wird, heftige Diskussionen auslöst und Bacon weithin bekannt macht.

1946
Bacon lässt sich in Monte Carlo nieder und widmet sich seiner Spielleidenschaft. Bis 1950 pendelt er zwischen Monte Carlo und London hin und her, bevor er auf Dauer in die britische Hauptstadt zurückkehrt.

1949 – 1950
Es entstehen *Kopf III* (Abb. 6), *Kopf II* (Abb. 7) und *Kopf IV* (Abb. 10). Bacon unterrichtet für einige Monate am Londoner *Royal College of Art*.

1951 – 1959
Bacon malt das Triptychon *Drei Studien für einen menschlichen Kopf* (Abb. 3), die Serie der Papstbilder nach einem Porträt von *Papst Innozenz X.* von Diego Velázquez (vgl. Abb. 8 und 9); *Mann im Gras kniend* (Abb. 11), *Studie für eine Figur in einem Raum* (Abb. 12); *Liegende Figur* (Abb. 14).

1955
Die erste Retrospektive Bacons ist in London zu sehen. In den nächsten Jahren finden zahlreiche Einzelausstellungen seiner Werke in Italien, England, Frankreich und den USA statt. 1959, 1964, 1977 und 1992 beteiligt sich der Künstler an der *documenta* in Kassel. Es entsteht *Kopf III* (nach der Lebendmaske William Blakes) (Abb. 5).

1961 – 1966
Umzug nach South Kensington, wo Bacon sich über einem ehemaligen Stall ein Atelier einrichtet. Er lebt und arbeitet dort bis zu seinem Tod. Er lernt Alberto Giacometti kennen und geht eine Beziehung mit George Dyer ein. Hier mal er *Porträt Georg Dyer, redend* (Abb. 17).

1970 – 1978
Am 24. Oktober 1971 wird George Dyer, der Lebensgefährte Bacons, tot im gemeinsamen Hotelzimmer aufgefunden. Es entstehen: *Selbstporträt* (Abb. 13), das Triptychon *Studie einer menschlichen Gestalt* (Abb. 15); *Liegende Figur im Spiegel* (Abb. 18), Triptychon (Abb. 19).

1986 – 1991
Das *Hirshhorn Museum* in Washington organisiert 1989 anlässlich des 80. Geburtstags von Bacon eine Retrospektive. Es entstehen *Blut auf dem Fußboden* (Abb. 16) sowie *Triptychon* (Abb. 21).

1992
Francis Bacon stirbt am 28. April 1992 in Madrid.

29 I Francis Bacon 1963, Foto: Jorge Lewinski

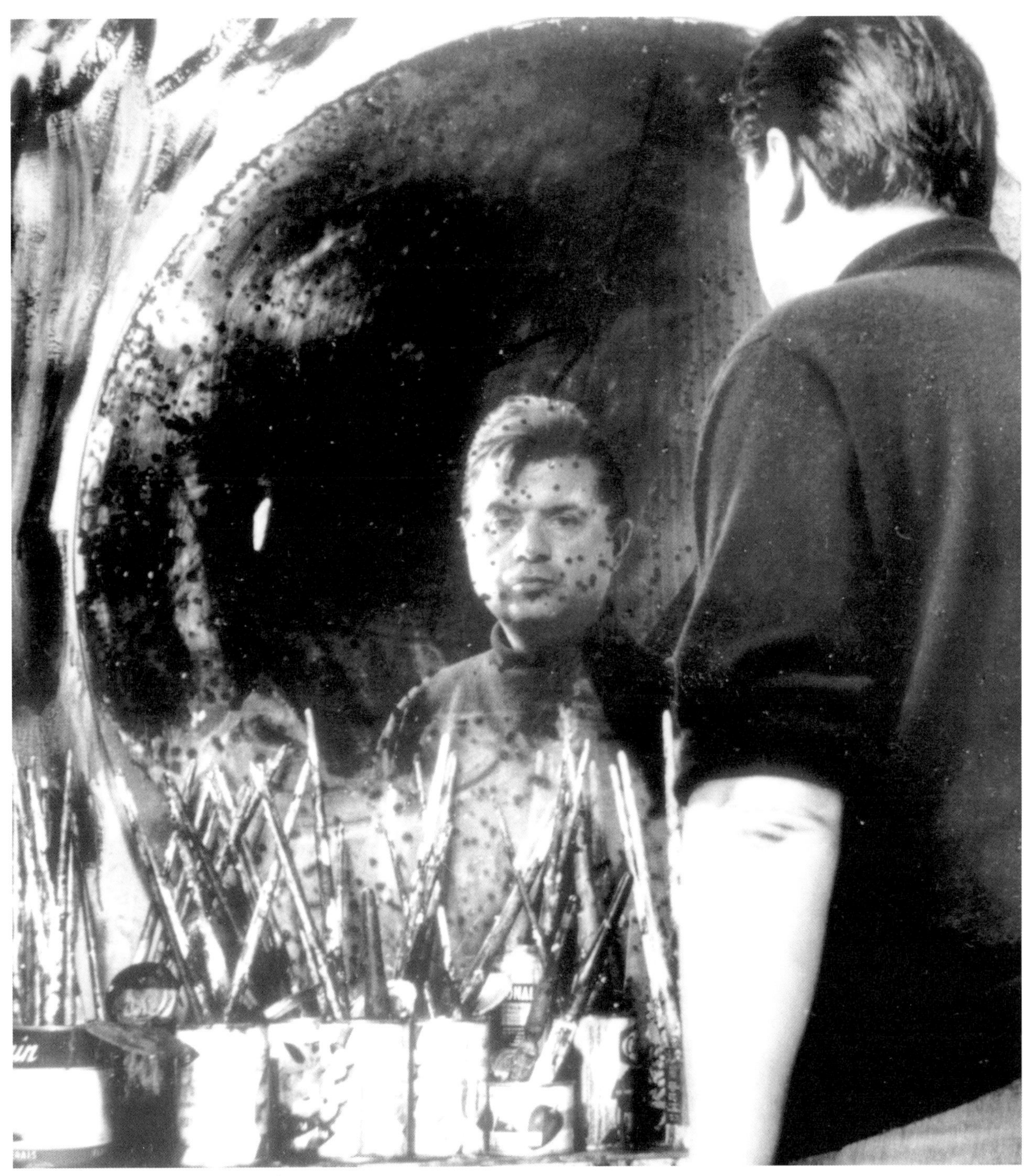

„Ich möchte ein sehr geordnetes Bild, aber ich möchte, dass es zufällig entsteht."[39]

Francis Bacon

LEBENSDATEN

CY TWOMBLY

1928
Cy Twombly wird als Sohn von Edwin Parker Twombly und Mary Wilma Richardson am 25. April in Lexington, Virginia geboren. Sein Vater, Edwin Twombly Sr., ist professioneller Baseballspieler und wird „Cy" („Cyclone", engl. für Wirbelsturm) genannt. Sein Sohn erbt diesen Spitznamen.

1942 – 1946
Twombly nimmt an Malklassen und Vorlesungen des aus Spanien stammenden Künstlers Pierre Daura teil, der zuvor in Paris tätig war und nun in Lexington europäische Malerei des 20. Jahrhunderts unterrichtet.

1947 – 1951
Studium an der *School of the Museum of Fine Arts* in Boston, der Washington and Lee University in Lexington und der *Art Students League* in New York. Es entsteht das Selbstporträt *ohne Titel* (Abb. 22).

1951 – 1952
Studium am *Black Mountain College*, North Carolina, mit Robert Rauschenberg, Franz Kline und Robert Motherwell; erste Einzelausstellung in der *Seven Stairs Gallery*, Chicago sowie erste Ausstellung in New York, *Kootz Gallery*.

1952 – 1953
Mehrmonatige Reise zusammen mit Robert Rauschenberg nach Italien, Spanien und Nordafrika.

1955 – 1956
Lehrauftrag am *Art Department of Southern Seminary Junior College*, Buena Vista, Virginia.

1957 – 1959
Übersiedlung nach Rom. Erste Ausstellung in der *Galleria La Tartaruga*. Es entstehen *ohne Titel [Roma]* (Abb. 25), und *Arcadia* (Abb. 27).

1960
Erste Ausstellung in Deutschland zusammen mit Robert Rauschenberg in der *Galerie 22* in Düsseldorf; erste Einzelausstellung in der *Leo Castelli Gallery*, New York.

1964
Teilnahme an der *32. Biennale* in Venedig, in der Folge dann auch in den Jahren 1978, 1980, 1988 und 1993.

1967 – 1976
Aufenthalte auf Long Island, New York, bei Robert Rauschenberg in Captiva Island, Florida sowie in Zürich und Neapel.

1968 – 1969
Erste Retrospektive im *Milwaukee Art Center*. Es entstehen: *ohne Titel*, 1968 [New York City] (Abb. 23) und: *ohne Titel*, 1969 [Bolsena] (Abb. 26).

1977
Teilnahme an der *documenta* 6, Kassel, in der Folge dann auch im Jahr 1982 an der *documenta 7*.

1981 – 1984
Internationaler Preis für Bildende Kunst des Landes Baden-Württemberg. Es entsteht *Hero und Leander* [Bassano in Teverina] (Abb. 28).

1987 – 1988
Retrospektive im Kunsthaus Zürich mit weiteren Stationen in Madrid, London, Düsseldorf und Paris. Auszeichnung *Chevalier de l'Ordre des Arts et des Lettres* des französischen Staats.

1994 – 1995
Große Retrospektive im *Museum of Modern Art*, New York mit weiteren Stationen in Houston, Los Angeles und Berlin. Eröffnung der von Renzo Piano entworfenen *Cy Twombly Gallery* in Houston, Texas. Twombly ist häufig gleichzeitig in Malerei, Skulptur, Fotografie und Zeichnung tätig.

2007
Twombly beginnt im Auftrag des Pariser *Musée du Louvre* ein $344m^2$ großes Deckengemälde in der *Salle des Bronzes* zu malen (vollendet 2010).

2011
Cy Twombly stirbt am 5. Juli in Rom.

30 | Cy Twombly 1958, Foto: David Lees

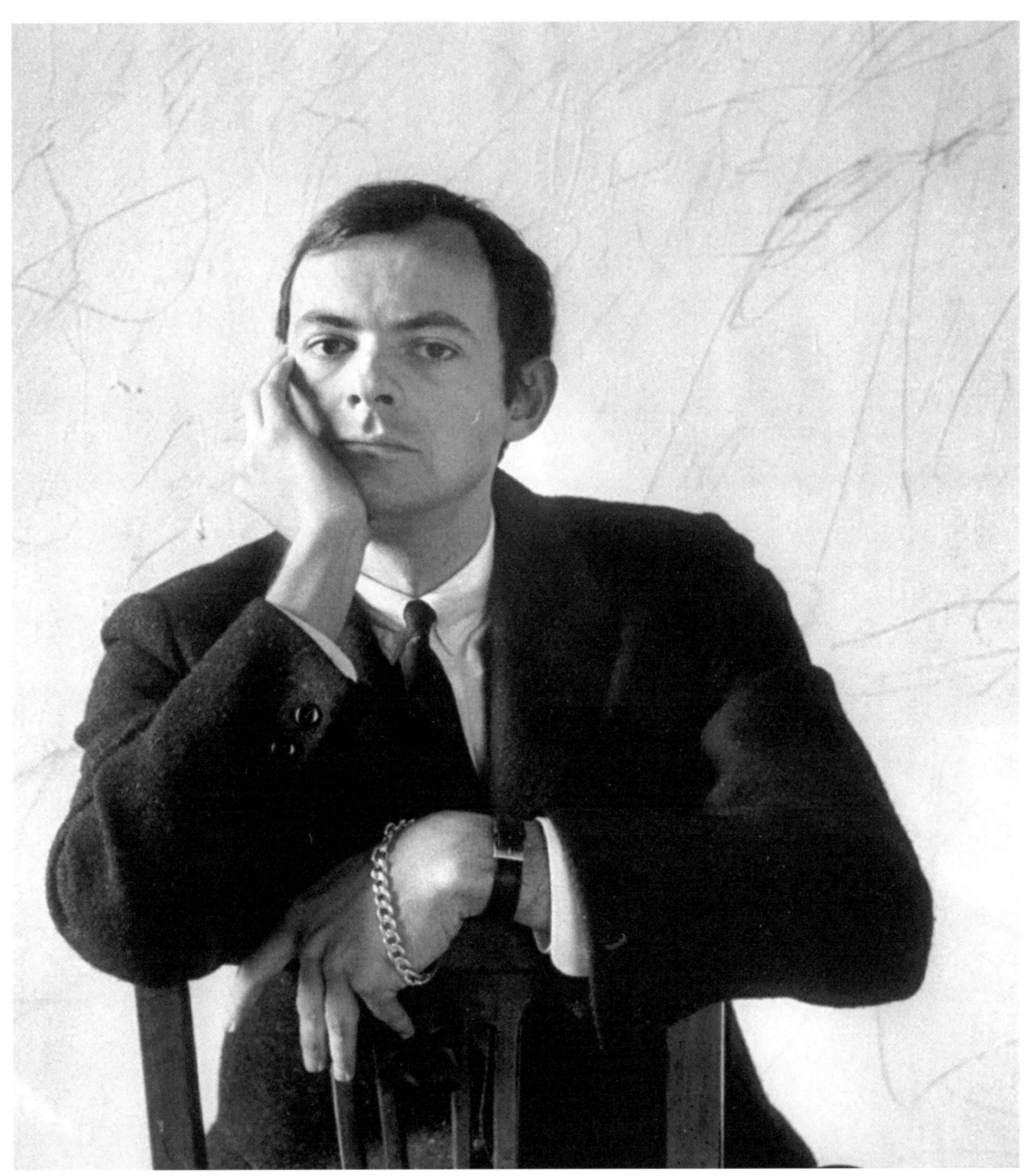

„Ein Bild zu malen ist eine sehr kurze Sache, wenn es gut geht, aber das Sitzen und Denken … Es braucht viel Freiheit.“[40]

Cy Twombly

ANMERKUNGEN

1 Im Original heißt es: „No, I don't believe in teaching. One learns by looking", zit. n.: Michel Archimbaud, *Francis Bacon in Conversation with Michel Archimbaud*, Phaidon Press, London/New York 2010, S. 157. Im Folgenden *Francis Bacon in Conversation with Michel Archimbaud* genannt. Sämtliche Zitate von F. Bacon und Cy Twombly wurden, wenn nicht anders vermerkt, von D. Hornemann v. Laer aus dem Englischen ins Deutsche übertragen.

2 Olaf L. Müller bemerkt in seinem Buch *Mehr Licht. Goethe mit Newton im Streit um die Farben* (Fischer Verlag, Frankfurt/M. 2015): „Er [Goethe] forderte nicht einfach, dass Naturwissenschaft menschlicher, freier funktionieren soll als bei Newton, sondern er hat es begründet. Und diese Begründung ist scharfsinnig, ja durchschlagend." S. 426. Und in Stefan Bollmanns Buch: *Der Atem der Welt. Johann Wolfgang Goethe und die Erfindung der Natur* (Klett-Cotta, Stuttgart 2021) heißt es: „Man wird sich an den Gedanken gewöhnen müssen, dass Deutschlands größter Dichter Naturwissenschaftler war, nicht auch und nicht zufällig, sondern aus innerem Antrieb und aus Überzeugung." S. 283.

3 J. W. von Goethe: „Gewöhnliches Anschauen, richtige Ansicht der irdischen Dinge ist ein Erbteil des allgemeinen Menschenverstandes; reines Anschauen des Äußern und Innern ist sehr selten." zit. n.: Erich Trunz (Hg.), Goethes Werke, Bd. 1, München 1993, S. 230.

4 Ders.:, Distichon aus einer Sammelhandschrift, die nicht in den Musen-Almanach für das Jahr 1797 aufgenommen wurde, in: Reiner Wild (Hg.), *Wirkungen der Französischen Revolution*, Bd. 4.1, München/Wien 1988, S. 694.

5 Ders.:, *Der Versuch als Vermittler von Objekt und Subjekt*, entstanden wohl im April 1792, zit. n.: https://de.wikisource.org/wiki/Der_Versuch_als_Vermittler_von_Objekt_und_Subjekt (zuletzt abgerufen am 30.9.2021).

6 Ebd.

7 Ebd.

8 Ebd.

9 Ders.:, *Maximen und Reflexionen*, Hamburger Ausgabe Bd. 12, 9. Aufl. dtv Verlag München 1981, S. 399.

10 Ders.:, *Die Schriften zur Naturwissenschaft*. Morphologische Hefte, 2. Heft, Leopoldina-Ausgabe (LA) I.9, Verlag Hermann Böhlaus Nachfolger, Weimar 1954, S. 172.

11 Im Gespräch mit David Hornemann v. Laer betonte Michael Bockemühl, dass dieser Vortragszyklus sein eigentliches Hauptwerk sei. Er habe nur noch keine Form gefunden, wie man solche Vorlesungen, die die Kunst möglichst für alle zugänglich machen möchten – unabhängig von Vorkenntnissen, Bildungsstand und Alter – adäquat veröffentlichen könne.

12 Michael Bockemühl, *Die Wirklichkeit des Bildes*, Urachhaus Verlag Stuttgart 1985, S. 180.

13 Vgl. Michael Bockemühl, KUNST SEHEN, Bd. 12, *Mark Rothko, Barnett Newman, Ad Reinhardt*, Info3 Verlag Frankfurt/M. 2021.

14 J. W. von Goethe in dem Gedicht: *Atmosphäre*, in: Berliner Ausgabe. Poetische Werke, Bd. 1, Berlin 1960, S. 551.

15 Vgl. WDR 5 ZeitZeichen, 25. April 1941 – Geburtstag des „Malerfürsten" Markus Lüpertz, Autorin des Hörfunkbeitrags: Irene Dänzer-Vanotti, 25.04.2021.

16 Mark Rothko, zit. n.: https://de.qaz.wiki/wiki/Mark_Rothko (zuletzt abgerufen am 30.9.2021).

17 Vgl. Hans Robert Jauß, *Die nicht mehr schönen Künste*. Grenzphänomene des Ästhetischen, Fink Verlag, München 1991.

18 David Sylvester, *Gespräche mit Francis Bacon*, Prestel Verlag, 4. Aufl., München/New York 1997, S. 82. Im Folgenden *Gespräche mit Francis Bacon* genannt.

19 Ebd.

20 F. Bacon, in: *The Art Newspaper*, Nr. 137, Juni 2003, S. 28, siehe www.theartnewspaper.com/2003/06/01/francis-giacobetti-interviews-francis-bacon-i-painted-to-be-loved (zuletzt abgerufen am 30.9.2021).

21 F. Bacon im Gespräch mit dem Kunstkritiker David Sylvester vom 23. März 1963, in: www.youtube.com/watch?v=x21kkMr0tP8 (zuletzt abgerufen: 30.9.2021).

22 Ebd.

23 Siehe Fußnote Nr. 20.

24 *Francis Bacon und die Gewalttätigkeit des Wirklichen*, Film von Michael Blackwood und David Sylvester, Saarländischer Rundfunk 1984, siehe www.youtube.com/watch?v=DCRgzVbCaXE (zuletzt abgerufen am 30.9.2021).

25 Vgl. Michael Bockemühl, KUNST SEHEN. Bd. 2, *Claude Monet*, Info3 Verlag Frankfurt/M. 2018, S. 58.

26 Im Original heißt es: „I feel ever so strongly that an artist must be nourished by his passions and his despairs. These things alter an artist whether for the good or the better or the worse. It must alter him. The feelings of desperation and unhappiness are more useful to an artist than the feeling of contentment, because desperation and unhappiness stretch your whole sensibility." zit. n.: John Gruen, The Artist Observed: *28 interviews with contemporary artists*. A Cappella Books, Chicago 1991, S. 3.

27 F. Bacon zit. n.: Sally Yard and Hugh Davis, Francis Bacon. Aus d. Engl. übertr. von Matthias Wolf, Bucher Verlag, München/Luzern 1986, Rückcover.

28 *Gespräche mit Francis Bacon*, S. 84.

29 In der originalen Tonbandaufnahme heißt es an dieser Stelle: „Und Sie sehen, ich bin mit der Sache nicht fertig, ich bin in der Verlegenheit, die Zeit überzogen zu haben. Ich könnte jetzt also sehr gut verstehen, dass einige, die gehen müssen, gehen. Aber gestatten Sie mir, es ist einfach auch die Betroffenheit, ich kann das nicht einfach so abspulen, als wäre das souverän; ich möchte gern noch fragen, ob der eine oder andere Lust hat, meine lichtvollen Äußerungen über Cy Twombly über sich ergehen zu lassen? Es wird noch ungefähr eine Viertelstunde dauern."

30 Im Original heißt es: „My line is childlike but not childish. It is very difficult to fake ... to get that quality you need to project yourself into the child's line. It has to be felt." Cy Twombly zit. n. David Sylvester, *Interviews with American artists*, Yale University Press, London 2001, S. 171.

31 Im Original heißt es: „Each line is now the actual experience with its own innate history. It does not illustrate — it is the sensation of its own realization." Cy Twombly, Documenti di una nuova figurazione. Toti Scialoja, Gastone Novelli, Pierre Alechinsky, Achille Perilli, Cy Tombly, in: *L'Lesperienza moderna 2*, 1957, S. 32.

32 „I show things in flux." Cy Twombly, a monograph, Richard Leeman / picture research Isabelle d'Hauteville. London, 2005; S. 35.

33 Vgl. Fußnote 25, S. 62 ff.

34 Friedrich Schiller, *Über die ästhetische Erziehung des Menschen in einer Reihe von Briefen*, Verlag Freies Geistesleben, 3. erw. Aufl., Stuttgart 2004, 15. Brief, S. 90 f.

35 Es handelt sich um das Gemälde von Francis Bacon, *Painting 1946*, 2. Version, 1971, Öl auf Leinwand, 198 x 147 cm, Museum Ludwig, Köln.

36 Im Original heißt es: „I'm always surprised when people speak of violence in my work. I don't find it at all violent myself. I don't know why people think it is. I never look for violence. There is an element of realism in my pictures which might perhaps give that impression, but life is violent, so much more violent than anything I can do!" *Francis Bacon in Conversation with Michel Archimbaud*, S. 151.

37 Siehe Fußnote Nr. 27.

38 Es handelt sich um das Gemälde von Cy Twombly: Crimes of Passion II 1960, Öl, Kreide und Bleistift auf Leinwand, 190 x 200 cm, Museum Ludwig.

39 Im Original heißt es: „I want a very ordered image, but I want it to come about by chance." F. Bacon, zit. n. *Francis Bacon. Recent paintings 1968–1974*. March 20 – Jun 29, Exhibition catalogue: Metropolitan Museum of Art, New York 1975, o. S.

40 Im Original heißt es: „Painting a picture is a very short thing if it goes well, but the sitting and thinking ... It takes a lot of freedom." *Cy Twombly: History behind the Thought*, Exhibition catalogue: Cycles & Seasons, Tate Modern, London 2008, S. 179 f.

VERZEICHNIS DER WERKE UND BILDNACHWEISE

1 I Michael Clark, **Porträt Francis Bacon**, 1984–1985, Öl auf Leinwand, 47 x 38 cm, Privatsammlung, © Michael Clark / Bridgeman Images, S. 9.

2 I Christian Nielinger, **Michael Bockemühl im Spiegelbild seines Schreibtisches**, 2003, © C. Nielinger, Essen, S. 14.

3 I Francis Bacon, **Drei Studien für einen menschlichen Kopf** (Triptychon), 1953, Öl auf Leinwand, 61 x 51cm, Privatsammlung, © The Estate of Francis Bacon. All rights reserved, DACS/Artimage / VG Bild-Kunst, Bonn 2021. Foto: Prudence Cuming Associates Ltd, S. 18–19, 21, 23, 25.

4 I James Deville, **Lebendmaske von William Blake**, 1823, Gips, 29,2 cm hoch, © National Portrait Gallery, London, S. 26.

5 I Francis Bacon, **Kopf III** (nach der Lebendmaske William Blakes), 1955, Öl auf Leinwand, 61 x 51 cm, Privatsammlung, © VG Bild-Kunst, Bonn 2021, S. 27.

6 I Francis Bacon, **Kopf III**, 1949, Öl auf Leinwand, 81 x 66 cm, Privatsammlung, © The Estate of Francis Bacon. All rights reserved, DACS/Artimage / VG Bild-Kunst, Bonn 2021, S. 29.

7 I Francis Bacon, **Kopf II**, 1949, Öl auf Leinwand, 80 x 63,6 cm, Ulster Museum, Belfast, © The Estate of Francis Bacon. All rights reserved, DACS/Artimage / VG Bild-Kunst, Bonn 2021. Foto: Prudence Cuming Associates Ltd, S. 31.

8 I Diego Velázquez, **Papst Innozenz X.**, 1650, Öl auf Leinwand, 141 x 119 cm, Galleria Doria Pamphili, Rom, Foto: Bridgeman Images, S. 33.

9 I Francis Bacon, **Papst II**, 1951, Öl auf Leinwand, 198 x 137 cm, Kunsthalle Mannheim, © The Estate of Francis Bacon. All rights reserved, DACS/ Artimage / VG Bild-Kunst Bonn 2021. Photo: Hugo Maertens, S. 35.

10 I Francis Bacon, **Kopf IV**, 1949, Öl auf Leinwand, 91.4 x 76.2 cm, Arts Council Collection, Southbank, London, © akg-images/ VG Bild-Kunst, Bonn 2021, S. 37.

11 I Francis Bacon, **Mann, im Gras kniend**, 1952, Öl auf Leinwand, 198 x 137 cm, Privatsammlung, © The Estate of Francis Bacon. All rights reserved, DACS/Artimage / VG Bild-Kunst, Bonn 2021, Foto: Hugo Maertens, S. 39.

12 I Francis Bacon, **Studie für eine Figur in einem Raum**, 1953, Öl auf Leinwand, 198,2 x 136,5 cm, Christie's Images Ltd © VG Bild-Kunst, Bonn 2021 / Christie's Images Ltd - ARTOTHEK, S. 5, 41, 89.

13 I Francis Bacon, **Selbstporträt**, 1978, Öl auf Leinwand, 198,5 x 147,5 cm, Privatbesitz, © The Estate of Francis Bacon. All rights reserved, DACS/Artimage / VG Bild-Kunst, Bonn 2021. Foto: Prudence Cuming Associates Ltd, S. 43.

14 I Francis Bacon, **Liegende Figur**, 1959, Öl auf ungrundierter Leinwand, 198,5 x 142,5 cm, Kunstsammlung NRW, Düsseldorf, © bpk / Kunstsammlung Nordrhein-Westfalen, Düsseldorf, Walter Klein / VG Bild-Kunst, Bonn 2021, S. 45.

15 I Francis Bacon, **Studie einer menschlichen Gestalt** (Triptychon), 1970, Öl auf Leinwand, je 198 x 147,5 cm, Privatbesitz, © akg-images/ Album Joseph Martin / VG Bild-Kunst, Bonn 2021, S. 46, 47, 49.

16 I Francis Bacon, **Blut auf dem Fußboden**, 1986, Öl auf Leinwand, 198 x 147,5 cm, Dover Street Gallery, London, © The Estate of Francis Bacon. All rights reserved, DACS/Artimage / VG Bild-Kunst, Bonn 2021, Foto: Prudence Cuming Associates Ltd, S. 51.

17 I Francis Bacon, **Porträt George Dyer, redend**, 1966, Öl auf Leinwand, 198 x 147,5 cm, Privatbesitz, © Christie's Images Ltd – ARTOTHEK / VG Bild-Kunst, Bonn 2021, S. 53.

18 I Francis Bacon, **Liegende Figur im Spiegel**, 1971, Öl und Sand auf Leinwand, 198 x 147,5 cm, Museo de Bellas Artes, Bilbao, © akg-images / Joseph Martin / VG Bild-Kunst, Bonn 2021, S. 55.

19 I Francis Bacon, **Triptychon**, 1976, Öl-, Pastell- und Trockentransfer-Schriftzug auf Leinwand, je 198 x 147,5 cm, Privatsammlung, © The Estate of Francis Bacon. All rights reserved, DACS/Artimage / VG Bild-Kunst, Bonn 2021. Foto: Prudence Cuming Associates Ltd, S. 56, 57, 59, 61, 63.

20 I Francis Bacon, **Selbstporträt**, 1969, Öl auf Leinwand, 35,5 x 30,5 cm, Privatsammlung, © akg-images / VG Bild-Kunst, Bonn 2021, S. 65.

21 I Francis Bacon, **Triptychon**, 1991, Öl auf Leinen, je 198,1 x 147,6 cm, Museum of Modern Art, New York, © The Estate of Francis Bacon. All rights reserved, DACS/Artimage / VG Bild-Kunst, Bonn 2021. Foto: Prudence Cuming Associates Ltd, S. 66, 67.

22 I Cy Twombly, **Selbstporträt**, 1963, Wachskreide, Acryl, Bleistift auf Papier, 69.2 x 50.1 cm, Privatsammlung, © Cy Twombly Foundation / VG Bild-Kunst, Bonn 2021, mit freundlicher Genehmigung von Christie's, S. 69.

23 I Cy Twombly, **ohne Titel**, 1968, Wandfarbe auf Ölbasis, Wachskreide auf Leinwand, 172,7 x 215,9 cm, mit freundlicher Genehmigung der Galerie Karsten Greve, Köln, Paris, St. Moritz © Cy Twombly Foundation / VG Bild-Kunst, Bonn 2021, S. 70–71.

24 I Cy Twombly, **ohne Titel**, 1971 [Roma], Wandfarbe auf Ölbasis, Wachskreide auf Leinwand, 199,2 x 239 cm, mit freundlicher Genehmigung der Galerie Karsten Greve, Köln, Paris, St. Moritz © Cy Twombly Foundation / VG Bild-Kunst, Bonn 2021, S. 72–73, 88.

25 I Cy Twombly, **ohne Titel**, 1959 [Roma], Wandfarbe auf Ölbasis, Wachskreide, Öl-, Blei- und Fettstift auf Papier, (nicht vom Künstler) auf Leinwand aufgezogen, 152 x 247 cm, Kunstsammlung Nordrhein-Westfalen, Düsseldorf, bpk / Kunstsammlung Nordrhein-Westfalen, Düsseldorf, Walter Klein, © Cy Twombly Foundation / VG Bild-Kunst, Bonn 2021, S. 74–77.

26 I Cy Twombly, **ohne Titel**, 1969 [Bolsena], Wandfarbe auf Ölbasis, Wachskreide, Blei- und Farbstift auf Leinwand, 204,5 x 240 cm, Emanuel Hoffmann-Stiftung, Depositum in der öffentlichen Kunstsammlung Basel, © Cy Twombly Foundation/VG Bild-Kunst, Bonn 2021/ARTOTHEK – Hans Hinz, S. 78–79, 81.

27 I Cy Twombly, **Arcadia**, 1958 [Roma], Wandfarbe auf Ölbasis, Wachskreide, Bunt- und Bleistift auf Leinwand, 182 x 200 cm, Daros Collection, Schweiz, © Cy Twombly Foundation/ VG Bild-Kunst, Bonn 2021, S. 82–83.

28 I Blick auf Cy Twomblys Werk: **Hero und Leandro,** 1981–1984 [Bassano in Teverina], in der Ausstellung: Wasser in der Pulitzer Arts Foundation, St. Louis (Juli 2007 - Januar 2008), Foto (Ausschnitt): Robert Pettus, mit freundlicher Genehmigung der Pulitzer Arts Foundation, S. 84–85.

28a I Cy Twombly, **Hero und Leandro,** 1981–1984 [Bassano in Teverina], Öl, Kreide und Graphit auf Leinwand, Teil I: 167,5 x 200,5 cm, Teil II: 156 x 205 cm, Teil III: 156.5 x 205 cm, Teil IV: 42 x 29,6 cm (ist hier nicht mit abgebildet, da Bockemühl sich nur auf die drei ersten Bilder des 4-teiligen Werks bezieht), Daros Collection, Schweiz, © Cy Twombly Foundation / VG Bild-Kunst Bonn 2021, S. 86–87.

29 I Francis Bacon, Fotoporträt, aufgenommen in seinem Atelier am 27.12.1963, Fotograf: Jorge Lewinski, © mauritius images / TopFoto, S. 93.

30 I Cy Twombly, Fotoporträt, aufgenommen am 1. April 1958, Fotograf: David Lees © David Lees / Getty Images 2021, S. 95.

DANK

Dass diese vor über 25 Jahren begonnene und glücklicherweise auf Tonband aufgezeichnete Vortragsreihe nun endlich in Buchform erscheinen kann, verdankt sich der Mitarbeit vieler Menschen.

Die Aufzeichnungen auf den Tonbändern wurden von Sandra Schwarz verschriftlicht. Natalie Rehm brachte die Texte in eine erste Form und suchte die Dias zu den Vorträgen zusammen. Schließlich gab es zahlreiche Studierende, die sich seit 2014 im Rahmen von Seminaren, die von David Hornemann v. Laer geleitet wurden, in unterschiedlicher Besetzung um eine vorsichtige Überarbeitung der Vorträge kümmerten, welche den Stil der frei gehaltenen Vorträge beibehielt und sie gleichwohl auch lesbar machten.

An dem Zustandekommen dieses Projekts waren bisher beteiligt:
Tanja Adam-Heusler, Meike Adden, Joseph Bailey, Elena Ball, Luise Baumeister-Lingens, Lea Bengel, Franziska Behrens, Laura Bickel, Malte Bischoff, Pauline Bischofsberger, Geraint Black, Leandra Börner-Valdez, Antonia Bonn, Malte Braun, Demian Buchner, Elisabeth Capellmann, Eda Ciftci, Julius Daniel, Anna Deffner, Philipp Doose, Jana Eckey, Lara-Luna Ehrenschneider, Manischa Eichwalder, Paula Evers, Noa Fischer, Isabel Gadea, Caroline Geck, Max Geuer, Paul Geilenberg, Andreas Grießer, Isabel Gudd, Julia Hansel, Antonia Heinrich, Ronja Hellebrandt, Hannah Heukeroth, Erwin Holkin, Börries Hornemann, Gabriel Hornemann, Laura Jacobson, Sinja Jessberger, Florian Kämpf, Jannis Keuerleber, Jennifer Klack, Jakob Kraul, Jonas Klingberg, Mathilda Knoblauch, Anna Ko, Daniel Kohler, Julian Kramp, Andrea Kreisel, Johanna Lamprecht, Melanie Laskowski, Clara Laufenberg, Dominik Lauinger, Vittoria Lenz, Valerie Liebers, Katharina Lilienthal, Rose Link, Anke Loewensprung, Luca Löhr, Foo Low, Sarah Luther, Patrizia Marioli, Laura Marschallek, Miranda Kiefer, Helias Mackay, Nura Mahmalat, Johanna Mayrshofer, Nikolas Middelmann, Tobias Möller-Hahlbrock, Werner Mosetter, Lorenz Mrohs, Julia Muhsal, Matthias Niedermann, Deborah Oppermann, Martin Pawelkiwitz, Christian Petersen, Laurenz Pfaff, Maria Polonidou, Matthias Pfrogner, Anselm Prechtl, Constantin Reuter, Joyce Rieck, David Richardoz, Lydia Roknic, Carla Scherf, Paul Schönenberg, Felix Schramm, Verena Schusser, Josephine Schütt, Melina Schwab, Yvonne Schwarzer, Amelie Scupin, Inga Seefeld, Flora Seibel, Laura Sieber, Sarah Sock, Reinhold Spratte, Lara Sprenger, Carlotta Süring, Rahel Steffen, Rachel Steinmetz, Matthias Tamm, Carla Tenthoff, Christine Teuchert, Olaf Tittel, Philine Töpper, Friedemann Uhl, Richard Ulrich, Nikolas von Kameke, Pauline Warneboldt, Anna-Lena Weidemann, Christiane Weinberg, Shaya Werner, Clara Wicharz, Kai Witthinrich, Jette Wolf, Klara Zepp, Mara Zöller.

Die Buchreihe verdankt ihre das Kunstwerk ins Zentrum rückende Gestaltung dem Grafiker Frank Schubert. Silke Kirch sei Dank für ihre vielen hilfreichen Anmerkungen, die zu einer wesentlichen Verbesserung des Textes geführt haben, sowie ihr aufmerksames Lektorat und Christoph Steinrücken für das umsichtige Marketing. Nicht zuletzt sei den Verlagsleitern Jens Heisterkamp und Ramon Brüll für ihre Unterstützung und ihren Glauben an dieses herausfordernde Projekt gedankt.

Zudem danken wir den im Folgenden genannten Förderern, die uns unterstützt und die Drucklegung dieses Bandes möglich gemacht haben.

Gefördert von

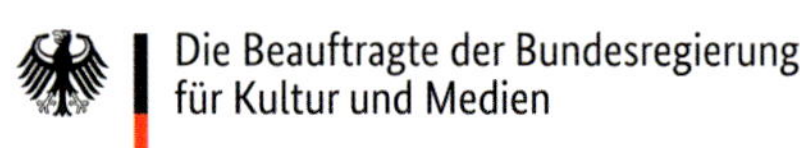

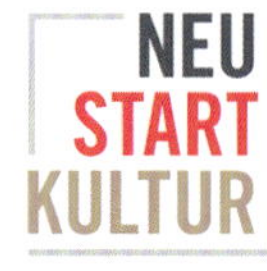

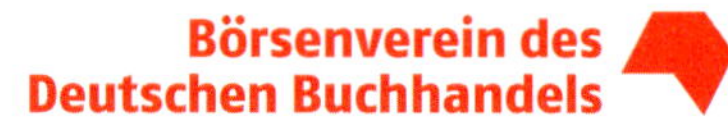

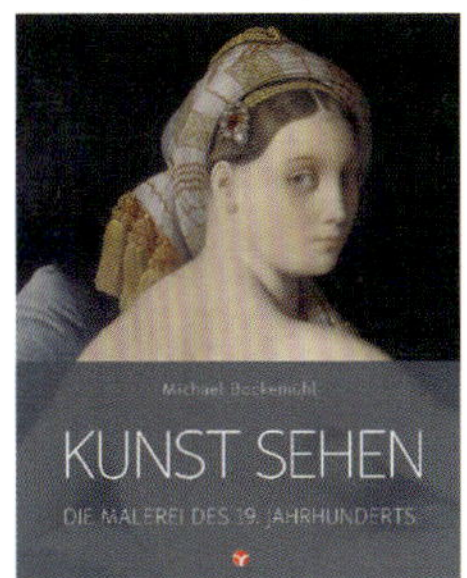

Band 1
Malerei des
19. Jahrhunderts

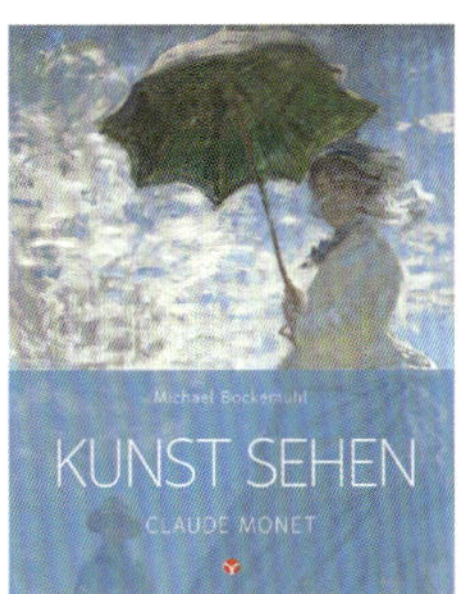

Band 2
Claude Monet

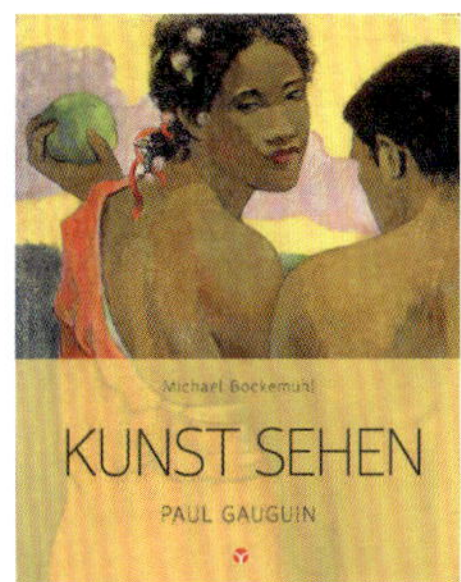

Band 3
Paul Gauguin

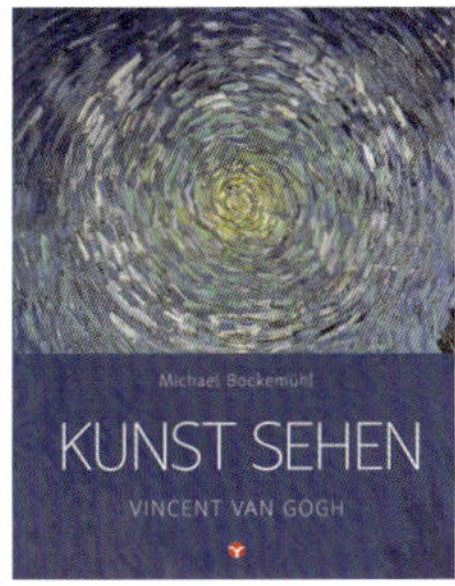

Band 4
Van Gogh

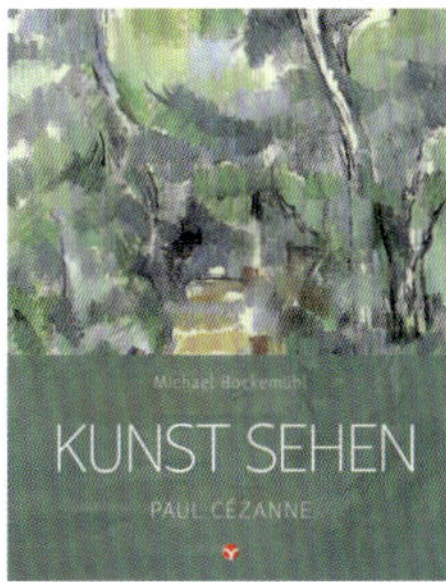

Band 5
Paul Cézanne

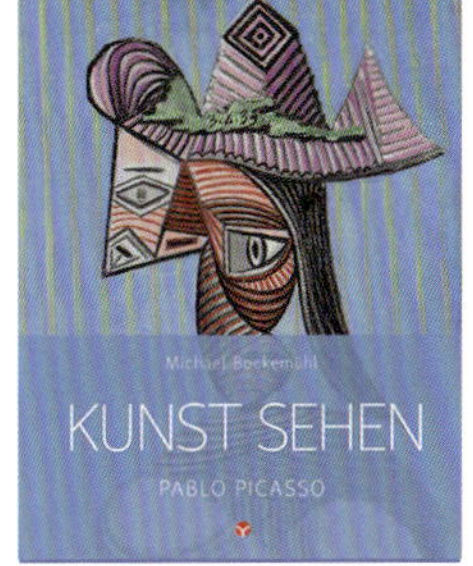

Band 6
Pablo Picasso

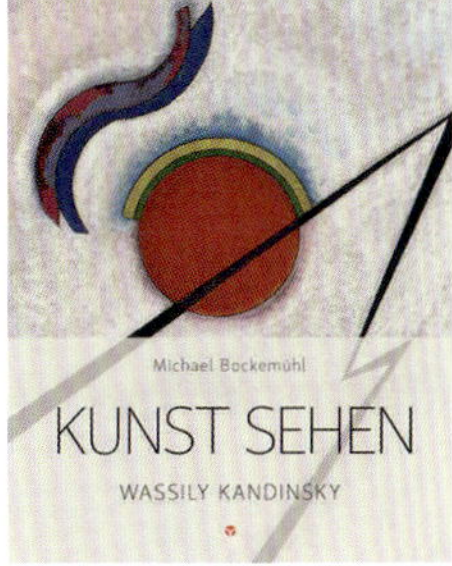

Band 7
Wassily Kandinsky

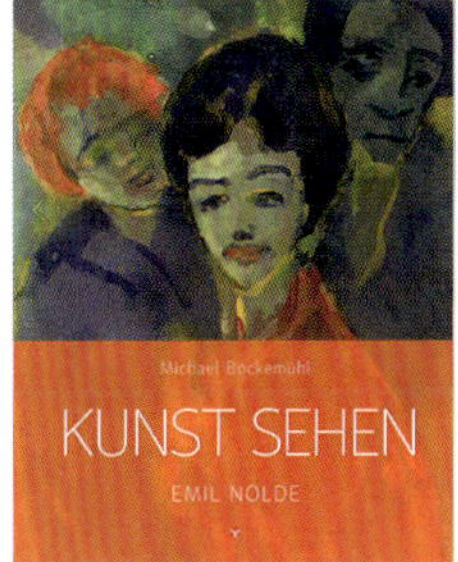

Band 8
Emil Nolde

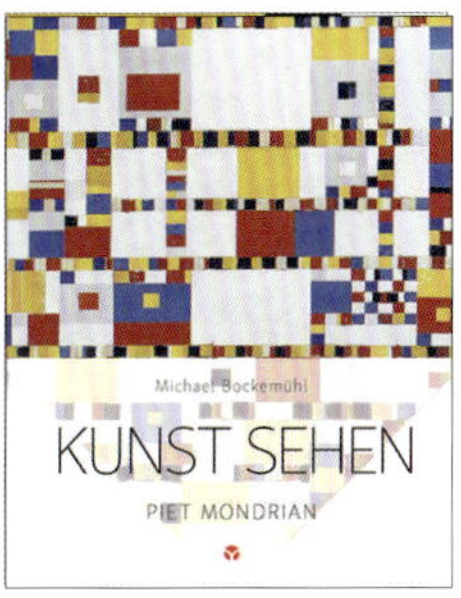

Band 9
Piet Mondrian

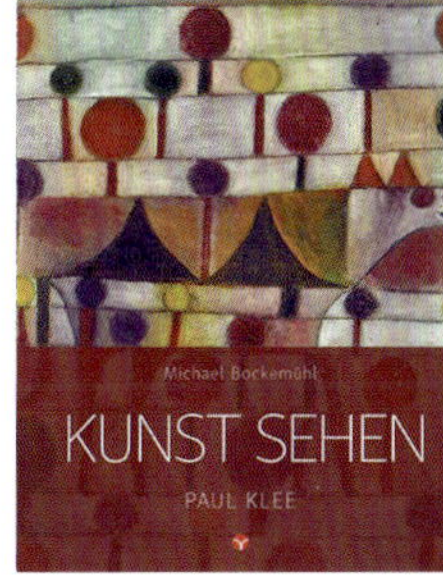

Band 10
Paul Klee

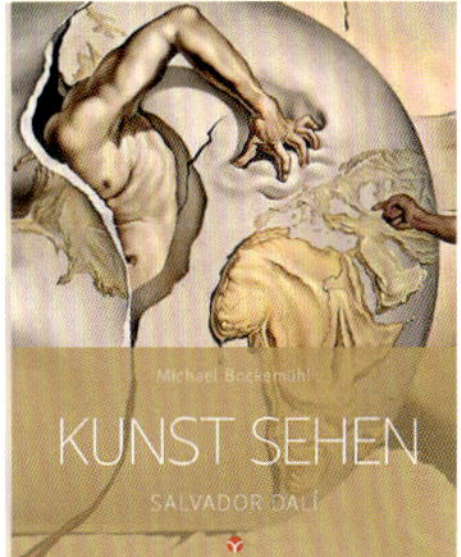

Band 11
Salvador Dalí

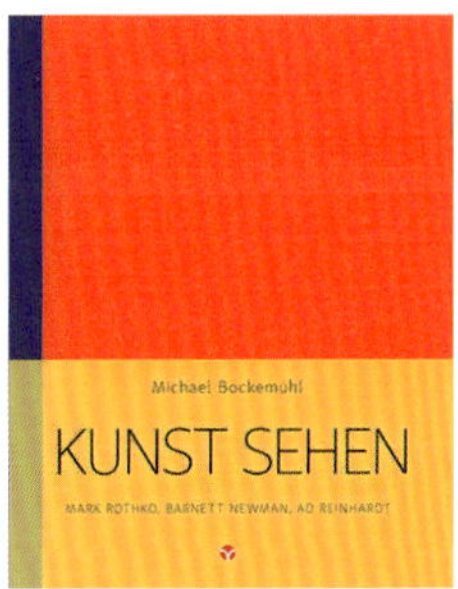

Band 12
Ad Reinhardt,
Mark Rothko,
Barnett Newman

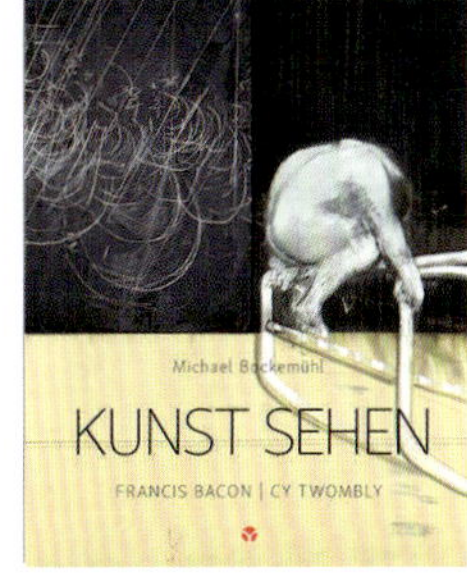

Band 13
Francis Bacon /
Cy Twombly

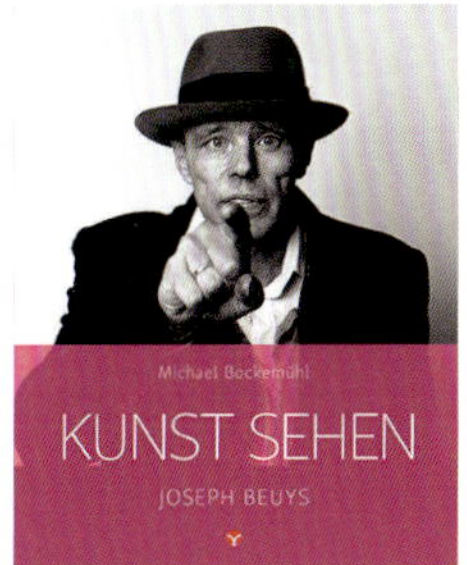

Band 14
Joseph Beuys

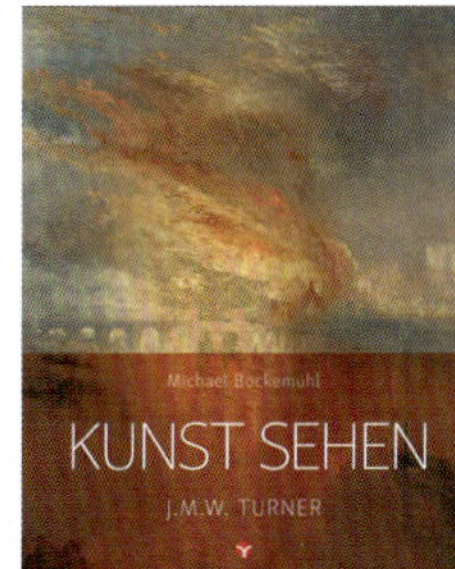

Band 15
J. M. W. Turner

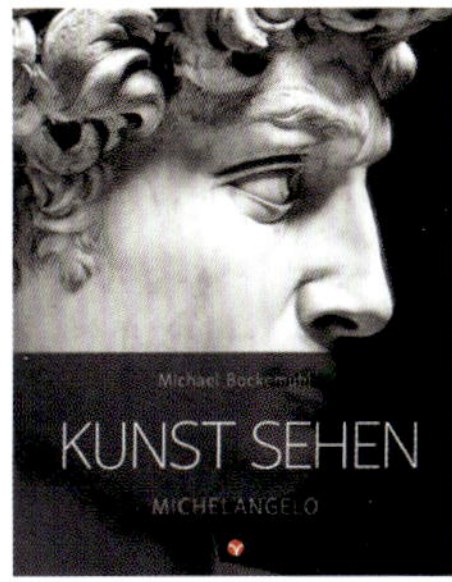

Band 16
Michelangelo

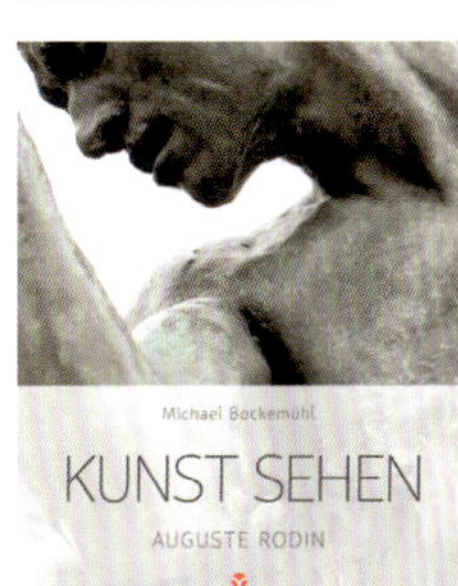

Band 17
Auguste Rodin

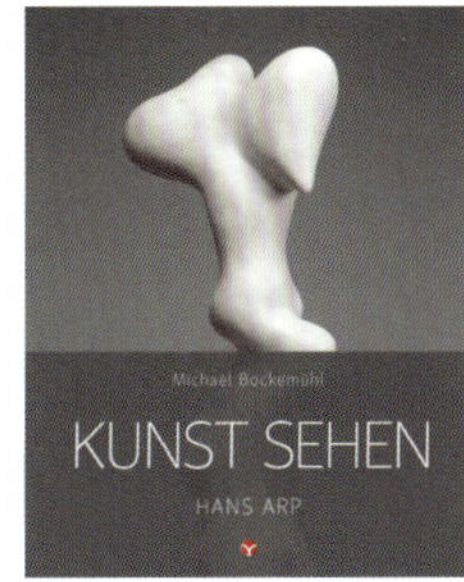

Band 18
Hans Arp

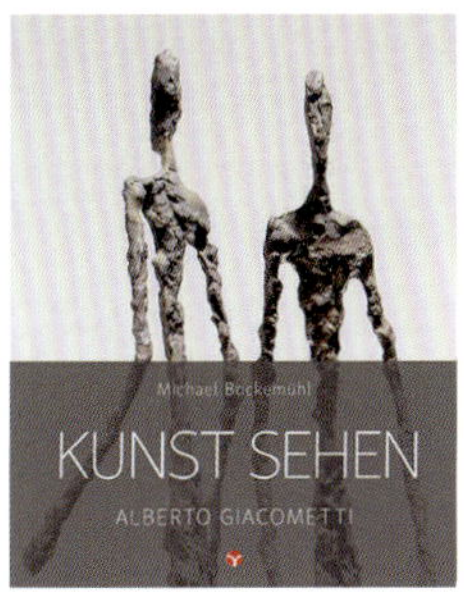

Band 19
Alberto Giacometti

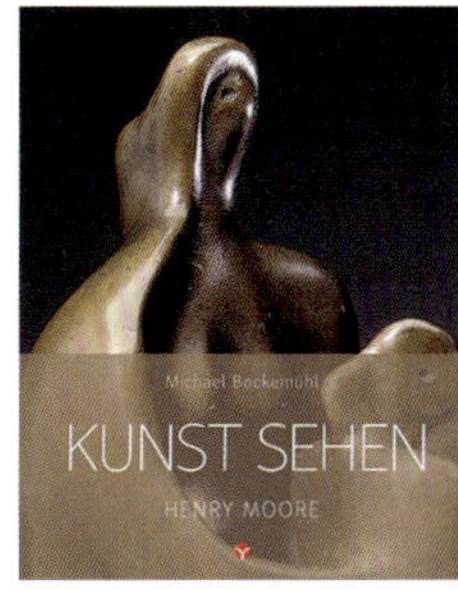

Band 20
Henry Moore

KUNST SEHEN – DIE EDITION

Voraussichtlicher Abschluss der Edition:
2024

Einzelbände für € 16,80,
im Abonnement für € 14,80

Infos unter: www.info3.de/kunst-sehen
www.kunst-sehen.info

IMPRESSUM

Bibliographische Information der Deutschen Nationalbibliothek:
Die Deutsche Nationalbibliothek verzeichnet diese
Publikation in der Deutschen Nationalbibliographie;
detaillierte bibliographische Daten sind im Internet über
http://dnb.ddb.de abrufbar.

ISBN 978-3-95779-075-0

Erste Auflage 2022

Redaktionelle Leitung und Lektorat: Silke Kirch

Typographie, Satz und Umschlag:
Frank Schubert, Frankfurt am Main unter Verwendung jeweils eines Ausschnitts aus den Bildern: Francis Bacon, Studie für eine Figur in einem Raum (1953, Abb. 12) und Cy Twombly, ohne Titel (1971, Abb. 24).

Druck und Bindung: Offset Company, Wuppertal

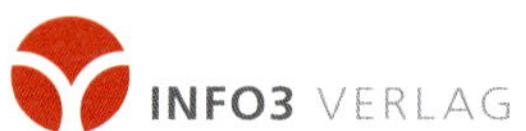

Kirchgartenstr. 1, 60439 Frankfurt
Tel. 069-58 46 47, Fax +49-69-58 46 16
vertrieb@info3.de

WWW.INFO3.DE

HERAUSGEBER:
Dr. David Hornemann v. Laer
WittenLab. Zukunftslabor Studium fundamentale
Universität Witten/Herdecke
Alfred-Herrhausen-Str. 50, 58448 Witten
E-Mail: david.hornemannvonlaer@uni-wh.de
www.kunst-sehen.info